O feminino em Clarice Lispector

O
féminine
en France:
Lispector

andrea cerqueira

O feminino em Clarice Lispector

a ciranda em
A hora da estrela,
um romance
vertical

CATEGORIA

Clarice
veio de um mistério,
partiu para outro.
Ficamos sem saber a
essência do mistério.
Ou o mistério não era essencial,
era Clarice viajando nele.
CARLOS DRUMMOND DE ANDRADE

De todas as estrelas,
ela é a mais brilhante,
estrela de mil pontas...
Para você, mãe

SUMÁRIO

Agradecimentos 11
Prefácio 13
Apresentação 17

1 – Eu vou te apresentar Clarice 19
2 – Vida e obra 27
3 – Clarice e o abismo 31
4 – Clarice em seu tempo 35
5 – Elementos narrativos 63
6 – Enredo e o estilo lispectoriano . . . 127
7 – O mundo das mulheres 169
8 – O poder da linguagem 175
9 – Finalmente, a hora da estrela Clarice . . 181

Obras de Clarice 185
Referências bibliográficas 187

AGRADECIMENTOS

Este livro foi um sonho alimentado durante anos. Fruto de muitas leituras, de muitas descobertas. Clarice é tão presente em minha vida que tenho a impressão de conversar com ela o tempo inteiro. Ela se tornou minha amiga mais íntima.

Trazer ao conhecimento dos leitores um pouco do que sei sobre Clarice e sua obra é apenas o começo para mais estudos, mais pesquisas, mais conversas com minha amiga mais íntima.

Agradecer é fundamental. Agradeço primeiramente a Deus.

Agradeço ao meu pai, meu herói, por tudo que fez por mim e por ter me ensinado os maiores valores da vida. Pai, você foi tão amado em vida que eu via nascerem estrelas no seu peito. E agora, guardo sua memória. Te amo até o infinito, meu guerreiro.

Agradeço ao meu irmão Anderson. Você é o cara, sempre foi e sempre será.

Agradeço ao meu grande amigo Everardo, que acreditou em mim e se aventurou a publicar meu livro.

Teve muita paciência porque, como escritor que é, conhece o processo.

Agradeço a minha madrinha Vera Lúcia, a minha Dinda, que é minha maior fã e gosta de ouvir as histórias que eu conto sobre Clarice.

Agradeço a minha filha, Iara Mariah, minha rainha, meu tudo. Mamãe te ama muito, Iarita.

Agradeço a você, leitor, que vai mergulhar nestas minhas páginas como eu mergulhei em Clarice.

PREFÁCIO

Todos têm mistérios, não apenas aqueles que escrevem. Os que escrevem, contudo, têm a audácia de assumir a existência da sua dimensão misteriosa, sem que isso, claro, elucide os tais mistérios. Talvez os revele mais e mais insondáveis.

Em todo caso, a escrita é uma atitude perante o mistério ou perante o assombro maravilhoso ou a maravilha assombrosa chamada vida.

O mistério que é assumido é sempre vertical. Não tem chão claro. Tem camadas de sentido fundo. Cada camada sondada conduz a que outra se escave e aí sem fim.

A imagem projetada de estrela, comumente faceira, brilhante, sobre subsolos semânticos sem fim. Quanta verticalidade, de doer o pescoço, que gira entre contrastes de alto e fundo, entre sombra e luz!

Clarice tinha atitude sóbria, leve mas forte pela lucidez, quanto aos "quês" de mistério essencial que, a rigor, nos lembram de que somos humanos. A autora de *O feminino em Clarice Lispector: a ciranda de*

A hora da Estrela, uma novela vertical bem assinala, em eco ao legado lispectoriano, que dele é "impossível sair ileso".

Somos humanos. Buscamos as letras de Clarice para lembrar disso em sua nudez. Lê-la é ser audaz na consecução da humanidade. Escrever sobre Clarice é gesto que transcende escrever sobre um objeto. É dialogar com um sujeito que nos devolve à intralocução, chamada por alguns de "consciência" e por outros, ainda, de "tremor de luz", salientando o véu de mistério.

A professora Andrea Cerqueira é viva de vida viva, pois intralocuciona e, mais, partilha essa intralocução por meio desta feliz obra a que nos honra prefaciar.

Esta obra é uma forma pomposa de exercer o "direito ao grito", grito pelo simples existir, o qual não se exerce nas altitudes subvitais de milhares de Macabéas. Elas não se perguntam "quem sou eu?".

Quem sou eu? Que mistério, que abismo, são os meus? O que que eu faço ante tudo isso, ante essa coisa chamada vida? Será tudo tragédia ou comédia?

Não apenas Clarice Lispector, mas a Literatura, com L maiúsculo, sim, está a ajudar esse dilema próprio da tensão entre existência e essência humana, pelas perspectivas orgânica, psicológica, ética e noológica.

Nossa professora Cerqueira é Professora de Literatura, com P maiúsculo sim, densa em sensibilidade quanto ao mistério ou verticalidade humana. Aliás, a palavra é a matéria-prima da arte literária e a palavra é, em si, o mistério de partida.

A atitude de debruçar sobre Clarice, e, mais, escrever sobre ela e, ainda mais, sobre *A hora da estrela*, novela[1] da maturidade de Clarice é, *per se*, sinal de vida maturada, que segue maturando, respondendo sem fim aos dilemas epifânicos.

Parabéns à professora Andrea Cerqueira. Honrou-me deveras prefaciar *O feminino em Clarice Lispector: a ciranda de* A hora da estrela, *uma novela vertical*.

VICENTE DO PRADO TOLEZANO
MESTRE EM FILOSOFIA, DIRETOR DA CASA DA CRÍTICA

---

1 Embora a obra possa ser classificada como romance ou novela quanto ao gênero textual, a autora optou por novela neste livro, que foi o termo usado pela própria Clarice Lispector ao falar da recém-acabada produção em entrevista a Júlio Lenner na TV Cultura, em 1977.

APRESENTAÇÃO

A publicação deste trabalho é somar aos estudos clariceanos mais uma análise daquela que talvez seja a sua obra mais conhecida. O que será lido foi escrito ao longo de muitos anos de estudo.

O interesse que também me motivou foi trazer à luz uma interpretação agradável, que desperte o desejo do leitor de (re)visitar a obra da minha tão amada escritora.

Sim, precisamos falar de Macabéa!

Ela é a cara real do Brasil, Macabéa somos todos nós em busca de nossa epifania para finalmente termos nosso momento estelar.

Sem abandonar sua marca registrada que é narrar a si mesma enquanto narra, viés da modernidade, Clarice faz abertamente uma crítica às desigualdades sociais, o que difere *A hora da estrela* de outras anteriores. É o expoente maior da crise do gênero na literatura – assunto que ainda explorarei em trabalhos futuros.

Por enquanto, convido você, meu leitor, a mergulhar no abismo profundo da obra e fazer parte da ciranda que a autora cria no jogo especular entre ela, nós e os personagens. Rodrigo S.M. é e não é Clarice, Macabéa é e não é Clarice, nós somos e não somos Clarice, Rodrigo e Macabéa. Em uma entrevista ao *Jornal do Brasil* em 1977 – *Clarice pela última vez*, por Nevinha Pinheiro –, a escritora afirmou: "No fundo Flaubert tinha razão quando disse '*Madame Bovary c'est moi*'".

Desejo que encontrem nas próximas páginas um pouco mais de Clarice, um pouco de mim e um pouco de vocês.

Nas palavras de Lispector: "Quando eu não escrevo, eu estou morta".

Boa leitura!

ANDREA CERQUEIRA

1

EU VOU TE APRESENTAR CLARICE

Falar de Clarice é penetrar em um território de muitos mistérios. Alguns deles não é possível elucidar e outros tantos são alimentados pela sua própria personalidade, por sua escrita e por suas declarações. Como o próprio músico e compositor Caetano Veloso cantava, "Que mistério tem Clarice para guardar-se assim tão firme no coração?". Caetano ligava no meio da madrugada para conversar com Clarice sem conhecê-la pessoalmente.

A letra da canção "Que o Deus Venha", do falecido Cazuza, foi feita com versos da obra *Água viva*, livro que ele leu mais de cem vezes. Afinal, que mistério tinha Clarice para que homens como Manuel Bandeira, Carlos Drummond de Andrade, Fernando Sabino, Paulo Mendes Campos, Guimarães Rosa ficassem tão fascinados por essa mulher?

Em um bilhete para ela, João Guimarães Rosa escreve: "Não te leio para a literatura, te leio para vida". Ao conhecer Clarice, ainda jovem e muito bonita, o poeta Bandeira, fascinado por sua presença, pergunta: "Meu Deus, quem é essa mulher com olhos de piscina?"

Que mulher, diante de tudo isso, não gostaria de ser Clarice?

Ela era uma mulher que muito pouco se revelava. E quando se revelava, mais escondida se punha. Às vezes, mascarava os fatos sobre si, contava outras versões que não eram reais, tal era a necessidade de esconder-se.

Ucraniana, ela vai fazer parte de nossa literatura de maneira peculiar e própria. Parafraseando o professor Carlos Mendes, da Universidade do Minho, em Portugal, em sua obra *Figuras da escrita*, Clarice é a primeira e mais radical afirmação de um não lugar dentro da literatura brasileira. No conto "Tentação", ela diz: "Estou aqui, mas ninguém se parece comigo e quando vou para outro lugar é pior ainda".

Nunca fez uma escrita panfletária[1]. Seu estilo é refinado. Já viu uma mulher transbordando? Eis aí minha metáfora insólita, Clarice é um transbordamento de mulher.

---

1 O termo panfletário, na narrativa, é uma designação pejorativa referente a enredos que reduzem a arte ou o discurso narrativo a um instrumento de propaganda política. O autor estaria necessariamente fazendo do texto um palanque e com isso abandonando o propósito estético da obra.

> Vivo no quase, no nunca e no sempre. Quase vivo, quase morro. Quase podia me jogar da janela de meu sétimo andar. Mas não me lanço. Quase adivinho as coisas. Sei muito. E quase não sei. Já estive três dias à beira da morte. E dela guardo a mão direita deformada. É um quase. Mas vou operar em breve porque quase pode degenerar em câncer. E como nasci? Por um quase. Podia ser outra, podia ter nascido homem. Felizmente nasci mulher. E vaidosa. Prefiro que saia um bom retrato meu nos jornais do que elogios. Tenho várias caras. Uma é quase bonita, outra é quase feia. Sou o quê? Um quase tudo (LISPECTOR, 2018).

A infância de Clarice é uma ambiguidade, ora sombra, ora luz. As brincadeiras, a alegria das colegas em oposição à pobreza em casa, a doença e a morte da mãe. Clarice carregava uma culpa por não ter curado a mãe ao nascer.

> Por motivos que nem meu pai nem minha mãe podiam controlar, eu nasci e fiquei apenas: nascida. No entanto, fui preparada para ser dada à luz de um modo tão bonito. Minha mãe já estava doente, e, por uma superstição bastante espalhada, acreditava-se que ter um filho curava uma mulher de uma doença. Então fui deliberadamente criada: com amor e esperança. Só que não curei

> minha mãe. E sinto até hoje essa carga de culpa: fizeram-me para uma missão determinada e eu falhei [...] (LISPECTOR, 2018).

Nos tempos de menina, no Recife, havia um jornal chamado *Coluna da Tarde* com uma seção infantil a que as crianças enviavam textos para serem publicados, e Clarice angustiava-se porque nunca publicavam os seus. Diferentes das histórias iniciadas por "Era uma vez...", ela escrevia sobre impressões. Essa marca de sua escrita madura[2] já estava nesses textos, mesmo em forma germinal.

> Depois, quando aprendi a ler e a escrever, eu devorava livros! Eu pensava, olha que coisa! Eu pensava que livro é como árvore, como bicho: coisa que nasce! Não descobria que era um autor! Lá pelas tantas, eu descobri que era um autor. Aí disse: Eu também quero (LISPECTOR, 2018).

Em torno de seus 8 anos, Clarice perde a mãe. O luto é narrado em uma crônica intitulada "Restos de Carnaval". Aos 14 anos, muda-se para o Rio de Janeiro com o pai e as irmãs Tânia e Elisa em busca de

---

2 Refiro-me como escrita madura à produção clariceana a partir de sua estreia com *Perto do coração selvagem* (1943).

melhores condições de vida. Na Cidade Maravilhosa, eram migrantes nordestinos, como Macabéa em *A hora da estrela*.

Clarice passou em primeiro lugar para o curso de Direito na Faculdade do Brasil – mais tarde incorporada à UFRJ. Casou-se com um colega de classe que seguiu a carreira diplomática. Morou em vários lugares. E em nenhum deles deixou de sentir-se sozinha. Em Berna, na Suíça, teve seu primeiro filho; nos Estados Unidos, nasceu o segundo. À medida que o tempo passava, Clarice Gurgel Valente apoderou-se de Clarice Lispector. A mulher do diplomata tornou-se triste, entediada e melancólica. Afastou-se de todos, e sua escrita tornou-se rarefeita.

De volta ao Brasil, em 1960, agora divorciada, Clarice se instalou no Rio de Janeiro. Amante de animais, teve um cão chamado Ulisses. O nome de seu animal era uma "homenagem" que Clarice fez a um rapaz que por ela se apaixonara e não fora correspondido. E você certamente pensava que o nome vinha do famoso romance homônimo de James Joyce...

Sobre ter esse animal, ela ainda escreve: "Eu precisava amar uma criatura viva que me fizesse companhia... que inveja eu tenho de você, Ulisses, porque você só fica sendo".

Em 1966, sofreu um acidente em seu apartamento devido a um cigarro aceso enquanto adormecia.

Ela teve queimaduras gravíssimas nas mãos e nas pernas. Praticamente perdeu o movimento da mão direita. Foi submetida a várias cirurgias. Após o episódio, Clarice precisou de assistentes para transcrever seus livros. Olga Borelli tornou-se responsável por esses escritos. Ficou com a escritora até a morte. Mais tarde, Borelli escreveu o livro *Clarice Lispector: esboço para um possível retrato*.

Todavia, a tristeza e a solidão dos anos no exílio estavam introjetadas em Clarice. Quanto mais ela se enclausurava, mais sua escrita se tornava intimista. Tamanho foi seu estado depressivo, que ela chegou a ter sessões de terapia diárias. Seu psicanalista ficou tão desesperado e confuso com os pensamentos de Clarice que deixou de atendê-la. O sofrimento dela era tão intenso que ele acabou sentindo as dores que ela sentia. Sob insistência dela, os dois ainda se encontravam, porém para falar somente de literatura e psicanálise.

A leitura da obra lispectoriana é um movimento de descida e de subida. Depois de descermos profundamente e nos jogarmos verticalmente nesse abismo que é a sua literatura, ao retornarmos, não seremos mais os mesmos. Arredia a rótulos, ela dizia:

> Uma das coisas que me deixam infeliz é esta de monstro sagrado: os outros me temem à toa, e a gente termina se temendo a si própria. A verdade é

que algumas pessoas criaram um mito em torno de mim, o que me atrapalha muito: afasta as pessoas e eu fico sozinha. Mas você sabe que sou de trato muito simples, mesmo que a alma seja complexa. [...] Eu sei morrer. Morri desde pequena. E dói, mas a gente finge que não dói. Estou com tanta saudade de Deus. E agora vou morrer um pouquinho. Estou tão precisada (LISPECTOR, 2018).

Os que pensam estar diante de uma mulher alienada estão muito enganados. Clarice, conforme as pessoas que com ela conviveram, era engajada, preocupada com justiça social. Estamos diante de uma mulher que estudou Direito porque queria lutar por melhores condições nos presídios femininos. Tinha consciência dos preconceitos sofridos enquanto escritora e da exploração em relação aos direitos autorais. Sua escrita era uma forma de amar e fazer algo pelas pessoas.

Sinto necessidade de escrever isso porque a crítica enxerga muito bem o metafísico em sua obra, mas fecha os olhos para a questão social tão evidente, por exemplo, em *A hora da estrela*.

Em 1977, Clarice foi diagnosticada com câncer no ovário, o tumor era inoperável e já havia se espalhado para outros órgãos. Sua morte se deu no dia 9 de dezembro de 1977, aos 56 anos, um dia antes de seu aniversário.

Yudith Rosenbaum, professora de literatura brasileira da Universidade de São Paulo, em sua obra *Metamorfoses do mal: uma leitura de Clarice Lispector*, escreveu:

> É curioso pensar que *A hora da estrela* foi a despedida de Clarice. O livro foi seu testemunho, de vida e morte. Ela o escreveu sabendo que sua própria estrela estava se apagando (ROSENBAUM, 2002).

Clarice só foi enterrada dois dias depois, em 11 de dezembro de 1977, porque o dia seguinte à sua morte era um sábado, e, nas tradições judaicas, sábado é dia de descanso, de inatividade. Somente no seu enterro, no Cemitério Israelita do Rio de Janeiro, foi que alguns de seus amigos, como Antonio Callado, tomaram conhecimento de sua origem judaica.

Ela foi enterrada no túmulo 123, fileira G. Seu corpo foi purificado por quatro mulheres judias. Seu caixão foi coberto por um manto negro com a estrela de Davi bordada em prata, sobre o qual despejaram-se três pás de terra que – conforme a tradição – simbolizam a ideia "do pó vieste e ao pó voltarás".

E assim foi Clarice. Sua obra nos obriga a presentificar o tempo – assim é Clarice. Com seus mistérios, ela nos invade e nos transborda. Impossível sair ileso a ela.

2

VIDA E OBRA

1920 Nasce em Chechenylk, na Ucrânia, Haya Pinkhasovna Lispector. Terceira filha de Pinkas e Mania Lispector.

1922 A família Lispector chega a Maceió.

1924 A família Lispector muda-se para o Recife.

1929 A mãe de Clarice morre.

1935 Clarice muda-se com o pai e as irmãs para o Rio de Janeiro.

1939 Clarice passa em 1º lugar para Direito na Faculdade do Brasil.

1940 Morre o pai de Clarice e ela publica seu primeiro conto, "O triunfo", na revista semanal *PAN*.

1943 Publica seu primeiro romance, *Perto do coração selvagem*, pela editora A Noite. Casa-se com Maury Gurgel Valente. Muda-se para Belém do Pará.

1944 Clarice muda-se para Nápoles. Ganha o prêmio Graça Aranha com sua obra de estreia.

Trabalha em um hospital da Força Expedicionária Brasileira.

1946 Publica o romance *O lustre* pela editora Agir.

1948 Já em Berna, na Suíça, termina *A cidade sitiada*, *Laços de família* e *O crime do professor de matemática*.

1949 Nasce o primeiro filho, Pedro. Clarice vem ao Brasil e assina a página feminina *Entre mulheres*, no *Jornal do Comércio*, com o pseudônimo de Tereza Quadros.

1950 O casal e o filho vão para a Inglaterra, onde passam seis meses.

1951 O casal e o filho vão para os Estados Unidos da América, onde viverão por sete anos.

1952 Nasce o segundo filho de Clarice, Paulo.

1953 Termina *A maçã no escuro* e escreve *O mistério do coelho pensante*.

1959 Clarice se divorcia de Maury Gurgel Valente e volta para o Rio de Janeiro com seus dois filhos.

1960 Publica *Laços de família*, pelo qual recebe o prêmio Jabuti. Retoma a profissão de jornalista com uso de pseudônimos.

1961 Publica *A maçã no escuro*.

1964 Publica *A paixão segundo G.H.*, livro considerado pela escritora como a sua melhor obra. Publica também, por conta própria, *A legião estrangeira*, volume que irá se desdobrar em dois ao ser editado pela Ática (*A legião estrangeira*, de 1977, e *Para não esquecer*, de 1978).

1966 Clarice fere-se gravemente em um incêndio causado por um cigarro que deixara aceso ao adormecer.

1967 Publica *O mistério do coelho pensante: uma história policial para crianças*.

1968 Publica *A mulher que matou os peixes*.

1969 Publica *Uma aprendizagem ou o livro dos prazeres*.

1971 Publica *Felicidade clandestina*.

1973 Outro acidente: o cachorro Ulisses morde-lhe o rosto. Publica a obra *Água viva*, de difícil classificação.

1974 Publica dois livros de contos pela editora Artenova, *Onde estivestes ontem à noite?* e *A via crucis do corpo*.

1977 Concede sua última entrevista na TV Cultura a Júlio Lerner. Publica *A hora da estrela*. Falece um dia antes de completar 57 anos, vítima de câncer.

3

CLARICE E O ABISMO

> Não sigo nenhum plano, nenhuma teoria. Eu trabalho sob inspiração. Não consigo obedecer a planos, assim como não consigo planejar minha vida. Tudo me vem impulsivo e compulsivo. Brota de mim (LISPECTOR *apud* SÁ, 1993).

Essas foram as palavras usadas por Clarice ao explicar a inspiração para a escritura de suas obras. Não há palavras que traduzam de forma mais clara a opção por desenvolver este estudo sobre alguém que marcou profundamente a minha trajetória. Não foi uma escolha acadêmica, foi emocional e intuitiva. É um mergulho no velho desconhecido. Segundo Lúcia Helena, Clarice tem uma "vocação para o abismo" (HELENA, 1999, p. 60). Daí a verticalidade de sua obra, amostragem da profundidade da alma humana. A escritura de Clarice choca o leitor despreparado. Mergulhar em seu mundo é mergulhar em um abismo profundo cheio de mistérios da linguagem e da alma humana. Daí a necessidade de um estudo, pois desvendar os seus segredos significa abrir as portas da literatura contemporânea.

Clarice vai com seus personagens muito além do psicológico, e não há uma identificação imediata do *eu* com a realidade. Mais uma forma de enxergar a verticalidade de seus romances, pois Ana[1], G.H.[2], Joana[3], Virgínia[4], Macabéa[5] e tantas outras vivem às voltas com as memórias que lhes pertencem e uma profunda análise de si mesmas, ainda que essa consciência seja tardia, como é o caso de Macabéa.

A linguagem é obscura, fragmentada e metafórica, e isso dificulta um equilíbrio entre o ser e sua representação. Aliás, o próprio ser no mundo não é palpável, mas sim metafísico. Os personagens lispectorianos são mergulhados em questões existenciais. E quando digo *são mergulhados* é porque não é uma condição passageira de estarem mergulhados, é um estado de permanência em busca de respostas que os levem mais ainda para o fundo do abismo[6].

---

1   Protagonista do conto "Amor", em *Laços de família*.
2   Narradora-personagem do romance *A paixão segundo G.H.*
3   Protagonista do romance *Perto do coração selvagem*.
4   Personagem do romance *O lustre*.
5   Personagem da novela *A hora da estrela*.
6   Questões sobre linguagem, existencialismo e figuras de linguagem serão abordadas mais adiante.

No ano de sua morte, 1977, Clarice concedeu uma entrevista a Júlio Lerner, no programa *Panorama*, na TV Cultura. A autora afirmou estar escrevendo uma novela. O entrevistador a questionou sobre a obra e o nome da personagem principal. Ela respondeu que não podia falar, mas antecipou que se tratava de uma "inocência pisada".

Segundo Clarice, ela teria tido a ideia de construir esse texto quando visitou a feira dos nordestinos em São Cristóvão, no Rio de Janeiro. O olhar distante de um nordestino chamou-lhe a atenção. Em seguida, ela foi a uma cartomante – um hábito da escritora – e, ao sair de lá, pegou um táxi. Voltando para casa, imaginou como seria irônico se fosse atropelada por um táxi, exatamente depois de ouvir coisas muito boas sobre seu futuro. E assim nasceu *A hora da estrela*.

> É a história de uma moça nordestina, de Alagoas, tão pobre que só comia cachorro-quente. A história não é só isso, não. A história é de uma inocência pisada, de uma miséria anônima (Clarice Lispector, em depoimento a Júlio Lerner, janeiro de 1977).

> Essa história acontece em estado de emergência e de calamidade pública. Trata-se de livro inacabado porque lhe falta a resposta. Resposta esta

> que espero que alguém no mundo ma dê. Vós? É uma história em tecnicolor para ter algum luxo, por Deus, que eu também preciso. Amém para nós todos (LISPECTOR[7], 1993, p. 22).

Pretendo responder aqui basicamente a três perguntas. Por que Clarice causa tanto espanto para quem a lê pela primeira vez? O que é preciso saber para desvendar o mistério de sua obra? Como tudo isso colabora para tornar *A hora da estrela* uma novela vertical?

Isso será feito a partir da identificação das inovações introduzidas pela escritora na ficção e, com base na obra escolhida, mostrarei o importante papel de Clarice Lispector na literatura brasileira, principalmente por ter rompido com a tradição literária e revolucionado a técnica narrativa.

A obra entrou para a história da literatura brasileira, colocando em prática mais uma vez uma genial subversão dos elementos tradicionais da narrativa (foco narrativo, personagens, tempo, espaço, enredo). A obra lispectoriana é um verdadeiro mistério, e desvendá-lo só é possível mergulhando nesse universo magnífico e surpreendendo-se com ele.

---

7   As citações de *A hora da estrela* feitas neste livro utilizam a 22ª edição, de 1993, da editora Francisco Alves. As citações posteriores da obra trazem apenas a respectiva página.

4

CLARICE EM SEU TEMPO

Quando Clarice publicou *Perto do coração selvagem*, em 1943, público e crítica levaram um choque. Até hoje suas obras ainda provocam fascínio em alguns e mal-estar em outros. Sim, é possível conhecê-la um pouco em seus textos, em seus personagens, em suas poucas entrevistas.

Considerada hermética e exótica, Clarice dizia: "Levo uma vida muito corriqueira. Crio meus filhos. Cuido da casa. Gosto de ver meus amigos. O resto é mito" (BORELLI, 1982, p. 112).

Penso em sua obra como penso na própria Clarice: sem rótulos. Na época de seu primeiro romance, tinha-se de um lado a prosa regionalista de 30, marcada pelo neorrealismo e o neonaturalismo, de caráter social. Do outro lado, havia uma vertente católica ou espiritualista, representada por Lúcio Cardoso, Tristão de Athayde, Otávio Faria, Cornélio Pena, que fazia um romance psicológico. Esse subjetivismo era caracterizado pela culpa, pelo pecado, por um universo sobrenatural e religioso. Clarice não se enquadra em nenhum grupo, pois seu estilo é único e inconfundível. Ela representa, nas palavras do professor Antonio Candido, a consciência estética, o trabalho com a palavra, que se torna soberana ao criar uma nova realidade estética. Palavra experimento, palavra instrumento.

Álvaro Lins fez uma severa crítica à obra. Se por um lado ele reconhece talento na escritora, por outro, *Perto do coração selvagem* era um romance incompleto. Em sua análise, era "literatura feminina" exagerada e emotiva, própria das mulheres. Já o crítico Sérgio Milliet dizia estar diante do surgimento "no nosso mundo literário da mais séria tentativa de romance introspectivo". Antonio Candido afirmou:

> A jovem romancista ainda adolescente estava mostrando à narrativa predominante em seu país que o mundo da palavra é uma possibilidade infinita de aventura, e que antes de ser coisa narrada a narrativa é forma que narra. [...] Por isso o seu primeiro livro foi um choque, cuja influência caminhou lentamente, à medida que a própria literatura brasileira se desprendia das seus matizes como o regionalismo, a obsessão imediata dos 'problemas' sociais e pessoais, para entrar numa fase de consciência estética generalizada (CANDIDO, 1996).

Em outras palavras, Clarice rompe com a forma de narrar vigente à época. Sua escritura se funda no experimentalismo, afastando-se da tradição do gênero. Renova-se a ficção por meio da atividade lúdica com os elementos ficcionais. O romance deixa de ser apenas representação da realidade e passa a ter valor em si mesmo.

O terceiro tempo modernista – o romance instrumentalista

A geração de 1945 representa um momento de profunda renovação na ficção por meio do *experimentalismo*, da atividade lúdica com os elementos da narrativa. Embora a ficção não tenha adquirido um perfil revolucionário como o Concretismo, é claro que ela também vai se transformar. Os escritores desse tempo modernista abrem caminho para novas formas de enxergar o real. O romance deixa de ser uma simples representação da realidade para ter um valor em si. Graças às descobertas trazidas pela Linguística, a palavra cria a realidade e é nessa vertente de trabalho com a linguagem, de reinvenção do código linguístico, que se situa uma das figuras mais importantes da ficção pós-45: Clarice Lispector. A autora usa a linguagem a favor da temática. Instrumentalista por natureza, sua obra é uma preocupação extrema com o "instrumento da palavra".

Além dessa marcante característica, há também uma intensa universalização do romance, pela sondagem do mundo interior da personagem. E, especialmente em Clarice Lispector, há uma fragmentação do romance que nos dispomos a analisar em páginas futuras.

Entretanto, essa inovação lispectoriana encontrou vários obstáculos no caminho. Na década de 1940, quando Clarice despontou no cenário literário, havia uma predominância do romance neorrealista/naturalista, ambientado principalmente no Nordeste brasileiro. Profundamente engajado, o romance de 30 expressava toda a tensão de uma época conturbada: a quebra da bolsa de Nova York em 1929, a polarização política (Comunismo e Socialismo na esquerda e Nazismo e Fascismo na direita), a expectativa de uma nova Guerra Mundial com a ascensão da Alemanha e, no Brasil, o Estado Novo de Vargas e a ditadura. Clarice e Guimarães Rosa, seu contemporâneo, romperam com o absolutismo da literatura participante.

Curiosamente, esses dois escritores subvertem a forma de representação da experiência, mas por caminhos distintos. Ele crê no poder que a palavra tem de traduzir o mundo do homem do sertão, acredita na palavra certa para representar. Daí sua pesquisa linguística infindável. Ela, conquanto ousada na sua sintaxe, relacionando elementos da língua por similaridades e contiguidades, utilizando clichês na elaboração de imagens novas e chocantes, não se preocupa com os neologismos como Rosa. Ela é a escritora do subentendido. Vejamos uma passagem de *Água-viva*:

> Há muita coisa a dizer que não sei dizer. Faltam palavras. Mas recuso-me a inventar novas: as que existem devem dizer o que se consegue dizer e o que é proibido. E o que é proibido eu adivinho. Se houver força. Atrás do pensamento não há palavras: é-se (LISPECTOR, 1998).

A década de 1950 foi marcada por um momento de grande euforia pela política desenvolvimentista de Juscelino Kubitschek. Já na década seguinte, com o Golpe Militar de 1964, a censura e as perseguições violentas a artistas e intelectuais, volta à tona o romance engajado, pois a arte era uma forma de expressar a insatisfação e a revolta contra a ditadura militar. Nesse momento tão intenso, com grandes manifestações políticas, a obra de Clarice, marcada pela sondagem interior do mundo do ser humano, foi tachada de "alienada" e descompromissada com a realidade socioeconômica brasileira.

No entanto, *A hora da estrela* é uma novela da década de 1970, época da ditadura. De certa forma, a obra se contrapõe implícita ou explicitamente à ideologia do sistema.

[...] à época da repressão política Clarice desembarcou na ficção de cunho social, revisando o filão nordestino legado por Graciliano Ramos e José Lins do Rego, ao introduzir Macabéa, versão feminina e frágil dos migrantes que saem atrás de melhor sorte quando se movem para o sul (ZILBERMAN *et al.*, 1998).

A crítica aponta que a novela clariceana vem da tradição do romance de 30, e é imprescindível apontar também a polêmica que a obra instaura fazendo emergir as contradições sociais e indo no sentido oposto à visão ufanista do desenvolvimento capitalista do Brasil à época. Ela e outros escritores representaram uma resistência cultural na década, em meio a um país sob o imperialismo estadunidense, cujo refrigerante Coca-Cola era um símbolo desse domínio. Clarice joga na cara da alta burguesia a miséria humana de um país periférico que se contemplava "abençoado por Deus e bonito por natureza"[1].

A busca de si mesmo é a melhor maneira que Clarice, tão complexa e magicamente, encontra para combater a alienação. É preciso entender Clarice

---

1   Referência à famosa música "País Tropical", criação de Jorge Ben Jor em 1969.

pela sua opacidade do mundo refletida nas palavras que, muitas vezes, se repetem de forma quase irracional e mecânica. Bem-vindos ao abismo.

> [...] como poderei dizer senão timidamente assim: a vida se me é. A vida se me é, e eu não entendo o que digo. E então adoro (LISPECTOR, 1964).

Em 1977, ano da morte de Clarice, ela lança sua última obra, *A hora da estrela*. Com essa obra, somos mais uma vez surpreendidos, uma vez que nos deparamos com uma narrativa com ares regionalistas, algo excepcional na escrita lispectoriana[2]. Entretanto, esse regionalismo inédito é relegado a segundo plano, já que o leitor será conduzido para o universo de uma protagonista que tenta se encaixar em um mundo onde ela é "um parafuso dispensável" (p. 44).

Outra grande inovação é a introdução de um autor fictício, Rodrigo S.M. (na verdade, Clarice Lispector), que dá voz à nordestina, representação de todo um povo brasileiro a quem não é permitido ter consciência existencial, portanto jogado à margem de

---

2   Há de se abrir parêntese aqui para comentar a recepção da obra de Clarice. Desde a primeira publicação ficcional, *Perto do coração selvagem*, em 1943, a nova experiência literária lispectoriana chocou crítica e público. Ao dialogar com escritores do pós-modernismo, ela instaura uma desordem na escritura, e isso desautomatiza o leitor de suas percepções de mundo.

uma sociedade hipócrita e alienante. O narrador "precisa", "é forçado" a escrever sobre essa moça tão desinteressante que o cansa, logo ela, pobre nordestina que não tem nem sequer o direito à linguagem, quanto menos o direito ao grito:

> Se há veracidade nela – e é claro que a história é verdadeira embora inventada – que cada um a reconheça em si mesmo porque todos nós somos um e quem não tem pobreza de dinheiro tem pobreza de espírito ou saudade por lhe faltar coisa mais preciosa que ouro – existe a quem falte o delicado essencial (p. 26).

> O que escrevo é mais do que invenção, é minha obrigação contar sobre essa moça entre milhares delas. E dever meu, nem que seja de pouca arte, o de revelar-lhe a vida.
> Porque há o direito ao grito (p. 27).

> [...] limito-me a contar as fracas aventuras de uma moça numa cidade toda feita contra ela (p. 29).

> Quero antes afiançar que essa moça não se conhece senão através de ir vivendo à toa. Se tivesse a tolice de se perguntar "quem sou eu?" cairia estatelada e em cheio no chão. É que "quem sou eu?" provoca necessidade (p. 29-30).

> Transgredir, porém, os meus próprios limites me fascinou de repente. E foi quando pensei em escrever sobre a realidade, já que essa me ultrapassa. Qualquer que seja o que quer dizer "realidade" (p. 31).

> Mas acontece que só escrevo o que quero, não sou um profissional – e preciso falar dessa nordestina senão sufoco. Ela me acusa e o meio de me defender é escrever sobre ela (p. 31).

A tarefa de escrever sobre a moça é árdua, e Rodrigo S.M., nas quase quarenta páginas iniciais da novela, faz um exercício metalinguístico em que questiona o seu próprio ato de escrever, atrelando sua condição de escritor à existência de Macabéa.

A hora da estrela é, sim, uma obra de denúncia. Denúncia da marginalidade de uma existência socialmente miserável e da falta da ação e dos resultados da literatura engajada, pois o narrador sente-se impotente diante da realidade:

> Sim, não tenho classe social, marginalizado que sou. A classe alta me tem como um monstro esquisito, a média com desconfiança de que eu possa desequilibrá-la, a classe baixa nunca vem a mim (p. 33).

Agora não é confortável: para falar da moça tenho que não fazer a barba durante dias e adquirir olheiras escuras por dormir pouco, só cochilar de pura exaustão, sou um trabalhador manual. Além de vestir-me com roupa velha rasgada. Tudo isso para me pôr no nível da nordestina. Sabendo no entanto que talvez eu tivesse que me apresentar de modo mais convincente às sociedades que muito reclamam de quem está neste instante mesmo batendo à máquina (p. 34).

(Se o leitor possui alguma riqueza e vida bem acomodada, sairá de si para ver como é às vezes o outro. Se é pobre, não estará me lendo porque ler-me é supérfluo para quem tem uma leve fome permanente. Faço aqui o papel de vossa válvula de escape e da vida massacrante da média burguesia. Bem sei que é assustador sair de si mesmo, mas tudo o que é novo assusta. [...]) (p. 46).

A obra de Clarice causa estranhamento no leitor comum. Ela passa do mero documental para o experimentalismo[3] e deste para o instrumentalis-

---

3   A literatura experimental é um modo de produção que inclui a fusão de gêneros e estilos. Pode incorporar modos artísticos diferentes, tais como a fotografia e as artes visuais. Clarice criou várias obras experimentais, misturando técnicas oníricas, ficção e jornalismo. A pontuação inusitada também é um exemplo do experimentalismo.

mo[4]. As dúvidas da alma, as indagações existenciais, a tensão da busca pelo próprio *eu* tomam o lugar da ação propriamente dita. Somado a isso, há um lirismo fundido à produção romanesca. O interesse não está na ação, no espaço ou no tempo, mas no mundo interior de seus personagens, os quais acabam refletindo questões individuais e coletivas.

O instrumental fica por conta da linguagem, que desnuda a palavra, tornando-a fator decisivo da narrativa, pois é o elemento que a constrói.

A hora da estrela é uma obra única. Leitura da própria literatura como prazer e sofrimento em um mundo onde a arte pouco representa diante da fome, do temor, da dor e da miséria humana.

---

4   São instrumentalistas aqueles autores que fazem da palavra seu principal instrumento. Por exemplo, já mencionado, Rosa é um escritor em busca da palavra certa para representar o mundo mítico do sertão a ponto de criar neologismos. Outro exemplo é a construção metalinguística de *A hora da estrela*.

A novela que transita entre o psicológico e o social

A trama narrativa de Clarice foge do convencional ao tratar de questões do ser consigo mesmo e com o mundo, resultando no que chamamos de romance psicológico[5], introspectivo ou intimista. É o tipo de produção que foca a crise de um indivíduo. Por meio de inúmeros questionamentos e reflexões, o leitor entra em contato com a atmosfera emocional dos personagens.

Essa escrita intimista vai além dos domínios da linguagem verbal, uma vez que Clarice busca a experiência de narrar o inenarrável, exprimir o inexprimível. Pensemos na solidão de Macabéa e na falência da escritura de Rodrigo S.M. São fatores instaurados na obra e que despertam no leitor o mal-estar da dúvida, da angústia, da perda de um referencial.

Como a linguagem reflete o mundo interior dos personagens, podemos apontar como elementos do

---

5   O romance psicológico data de estudos realizados no campo da psicologia no final do século XIX e início do século XX. Sempre se atrelou à ideia do eu, do indivíduo. Isso significa que o mundo interior do personagem é a matéria fundamental para o desenvolvimento de um enredo, que prioriza a análise psicológica em detrimento da ação. Trata-se de uma ênfase na memória e na personalidade do personagem. No Brasil, Machado de Assis foi o precursor desse romance com obras como *Memórias póstumas de Brás Cubas* e *Dom Casmurro*. Esse viés também foi utilizado por escritores do Romance Regionalista de 30. O melhor exemplo é *São Bernardo*, de Graciliano Ramos.

romance psicológico: o fluxo da consciência[6], o monólogo interior[7], a ruptura coma narrativa linear[8], o tempo psicológico[9], a análise do ser em detrimento das ações, entre outros. Tudo isso, nas palavras de Roland Barthes, desfuncionaliza a linguagem.

> Outro ponto de atrito é a própria concepção da linguagem e seu uso. A escritura não é uma função da linguagem; ela é, justamente, a desfuncionalização da linguagem. Ela explora não as riquezas infinitas de uma língua, mas seus pontos de resistência; ela força a língua a significar o que está além de suas possibilidades, além de suas funções (BARTHES, 2000, p. 42).

---

6   O fluxo da consciência pode ser entendido como a liberdade da mente do personagem ao encontrar espaço para correr livre no texto de ficção. A ideia é de reprodução, na narrativa, de um fluxo contínuo de pensamentos, ignorando, às vezes, a estrutura de parágrafos e capítulos.

7   O monólogo interior é necessariamente um diálogo do personagem consigo mesmo, uma conversa cujas palavras coincidem com o pensamento. Neste caso, o personagem está dizendo algo. "Há, no entanto, autores que consideram desnecessária esta distinção, na medida em que se trata, em ambos os casos [fluxo de consciência e monólogo interior], de uma citação direta dos pensamentos da personagem, marcada gramaticalmente pela primeira pessoa e pelo presente" (Reis; Lopes, 2007, p. 238-239).

8   A ruptura da narrativa linear ocorre quando o enredo não segue uma sequência cronológica, desenvolve-se descontinuamente, com retrospectivas, antecipações, cortes, saltos, rupturas do tempo e do espaço em que se desenvolvem as ações. O espaço exterior mistura-se ao mundo interior do personagem.

9   O tempo psicológico predomina no romance introspectivo. Ocorre quando o narrador relata os acontecimentos à medida que fluem à mente.

Parto dessa ideia de Roland Barthes para lembrar que a escritura não tem responsabilidade com a comunicação, já que está mesclada com a ficção. Por isso é frequente que, na obra de Clarice, a linguagem diga mais não dizendo do que dizendo, afinal Lispector é a autora do indizível.

Quanto ao viés regional, sabemos a potência que é um romance regionalista, apesar de alguns críticos caracterizarem-no de forma negativa. Com *A hora da estrela*, Clarice tornou-se inédita ao sair dos padrões convencionais do romance psicológico e do romance social.

Suzana Amaral, diretora do longa homônimo, afirmou que a obra narrativa lispectoriana era "como se fosse um vômito… ela toca no problema social do Brasil". E Suzana apenas parafraseia a escritora, pois há de se encontrar na obra o seguinte trecho: "vomitar o que não tinha corpo, vomitar algo luminoso. Estrela de mil pontas" (p. 104).

Afrânio Coutinho, sobre o regional na literatura, apresenta dois caminhos: o primeiro é aquele que considera regional toda arte que parte de um local particular. Já o segundo caminho define como regional tudo que não acontece no eixo Rio-São Paulo. Mesmo tratando de temáticas existenciais e universais, o que se poderia considerar regional em *A hora da estrela* é aquilo que não vem do Rio de Janeiro: Macabéa.

Macabéa seria, assim, a expressão desse segundo regionalismo de Coutinho; ela saiu do sertão, mas o sertão não saiu dela. Alagoana, pobre, Macabéa vive entre a denúncia social e o esforço de Rodrigo S.M. em escrever uma narrativa cuja linguagem, tal qual Macabéa, é desprovida de recursos linguísticos. Essa moça faz parte da mais baixa e esquecida classe na sociedade brasileira. O narrador tenta dar-lhe certa dignidade, é datilógrafa. Afinal, na modernidade o trabalho dignifica o homem. Ela se alimenta de cachorro-quente e Coca-Cola, embora goste mesmo de queijo com goiabada. Não tem expectativa de viver melhor, não sabe que é infeliz. Sua distração é ouvir a Rádio Relógio e anotar palavras difíceis para perguntar ao namorado. Ingenuamente falta ao serviço para dormir até mais tarde, passar batom, passear no parque.

Macabéa é diferente, sim, diferente das mulheres de classe média, como Joana, Ana, G.H. e Virgínia. Ela usa roupas velhas, é desajeitada, provoca no leitor um misto de pena, estranhamento e irritação. Rodrigo S.M. oscila entre o sofrimento, o amor e a brutalidade para com ela: "brutalidade que ela parecia provocar com sua cara de tola, rosto que pedia tapa" (p. 39).

Macabéa é a mulher subalterna em condição de obscuridade e silenciamento. Por ser nordestina, sua exclusão é ampliada. Os olhos que recaem sobre ela simplificam-na de tal forma que a veem como incapaz, dispensável, inexistente.

> Quanto à moça, ela vive num limbo impessoal, sem alcançar o pior nem o melhor. Ela somente vive, inspirando e expirando, inspirando e expirando. Na verdade – para que mais que isso? O seu viver é ralo. Sim (p. 38).

Macabéa representa o silêncio fundante e, nessa política do silêncio, estão todas as mulheres de um Brasil profundo, subalternizadas, silenciadas, impedidas de construir suas próprias histórias.

Esse regionalismo da escritora penetra no Brasil de várias Macabéas, mulheres, nordestinas, sozinhas, debilitadas, invisíveis, silenciadas: "como a nordestina, há milhares de moças espalhadas por cortiços, vagas de cama de quarto, atrás do balcão trabalhando até a estafa" (p. 28). Macabéa só nasce para a sociedade quando é atropelada.

O enterro de Clarice no Cemitério dos Mortos-Vivos

Muitas obras literárias servem para apaziguar as dores do mundo. Nesse caso, não estamos falando das de Clarice. Ela não se enquadra nesse viés consolador. Seu leitor precisa ser perverso. Mas essa perversidade não vem da maldade, e sim de um incômodo provocado pelo estranhamento que a escritura lispectoriana provoca.

Quando publicou o primeiro romance, *Perto do coração selvagem*, em 1943, foi acusada pela crítica literária de ser inconsistente. Álvaro Lins, importante crítico à época, editor-chefe do *Correio da Manhã*, chegou a escrever, em 11 de fevereiro de 1944, um artigo intitulado Romance lírico, no qual se refere ao livro da então desconhecida escritora: "Li o romance duas vezes, e ao terminar só havia uma impressão: a de que não estava realizado, a de que estava incompleta e inacabada a sua estrutura como obra de ficção". Lins também pontuou o romance como "cheio de imagens, mas sem unidade íntima. Aqui estão pedaços de um grande romance, mas não o grande romance que a autora, sem dúvida, poderá escrever mais tarde".

Clarice também nunca fez questão de agradar ao mercado editorial, até porque insistia em dizer que sua escrita "não era profissional": "Sempre fiz questão de ser uma amadora", disse ela na antológica entrevista à TV Cultura, já mencionada. No livro *A escritura de Clarice Lispector*, Olga de Sá aponta a literatura de Clarice como algo não "digerível":

> Radicalmente [...] ela se insurge contra a linearidade discursiva, num momento literário em que a

ficção, salvo raros exemplos, estava amarrada à noção de causa e efeito. Torna-se por isso quase ilegível, aparta-se do público consumidor, rompe a noção de texto passivo, não preenche as necessidades do mercado. Não é produto digerível (sá,1979, p. 132).

A produção de Lispector chocou o grande público e a crítica. Sua obra, vista como distante da literatura engajada da década de 1930, dinamita os padrões estabelecidos até então. Clarice não era porta-voz de uma região, seu projeto literário era inovador.

Esse não enquadramento custou-lhe um preço alto, pois ela foi acusada de burguesa e alienada. O cartunista Henfil enterrou-a no Cemitério dos Mortos-Vivos, do *Pasquim*[10], "com sete palmos de desacato e desprezo".

Em *Humor de combate: Henfil e os 30 anos de Pasquim*, Dênis de Moraes afirma que Clarice ficou

---

10 *O Pasquim* foi um semanário alternativo, editado de 1969 a 1991, reconhecido pela oposição ao regime militar no Brasil. Nele, o cartunista Henfil criou o Cemitério dos Mortos-Vivos, onde enterrava personalidades que considerava descomprometidas com as causas políticas da época, ou seja, quem não era engajado. Nesse cemitério, Henfil enterrou Nelson Rodrigues, Gilberto Freyre, Hebe Camargo, Rachel de Queiroz, Décio Pignatari, Plínio Salgado, Pelé e Elis Regina, entre outros. Sobre isso, Henfil falou: "Eu não sou radical com os homens, sou radical com as atitudes. Se um cara tomar uma atitude covarde ou hipócrita, mesmo que tenha razões ou justificativas, sou da maior impiedade com esse cara. Acho que ele deve sofrer imediatamente uma represália. Se eu puder, dou essa represália. Por exemplo, botando no Cemitério dos Mortos-Vivos" (*apud* MORAES, Dênis de. Humor de combate: Henfil e os 30 anos do Pasquim. *Ciberlegenda*, n. 2, 1999. http://www.uff.br/mestci/denis3.htm).

contrariada e fez questão de responder ao cartunista. Ele, por sua vez, tentou se explicar na sua tira "Cabôco Mamadô", mas acabou por gerar mais desconforto àqueles que defendiam a escritora.

> Clarice aparece chorando e confessando-se chocada, traumatizada com tanta agressividade contra ela por parte do humorista. O Cabôco responde que Henfil não estava livrando a cara nem dos intelectuais de centro. A escritora argumenta que é "uma simples cronista da flor, dos pássaros, das gentes, da beleza de viver...". O Cabôco replica que ela foi parar no cemitério devido a uma reencarnação: no passado, era Pôncio Pilatos! A seguir, Henfil coloca Clarice dentro de uma redoma de vidro, lavando as mãos, cercada de pássaros e flores, enquanto Cristo é crucificado (MORAES, 1999).

Como se não bastasse todo o ataque a Lispector, Henfil ainda fala a *O Jornal*, em 20 de julho de 1973, por que radicalizou com a escritora:

> Eu a coloquei no Cemitério dos Mortos-Vivos porque ela se coloca dentro de uma redoma de Pequeno Príncipe, para ficar num mundo de flores e passarinhos, enquanto Cristo está sendo pregado na cruz. Num momento como hoje, só tenho

uma palavra a dizer de uma pessoa que continua falando de flores: é alienada. Não quero com isso tomar uma atitude fascista de dizer que ela não pode escrever o que quiser, exercer a arte pela arte. Mas apenas me reservo o direito de criticar uma pessoa que, com o recurso que tem, a sensibilidade enorme que tem, se coloca dentro de uma redoma. [...] Ela escreve bem à beça, tem um potencial excelente para entender as angústias do mundo. O maior respeito todo mundo tem por Clarice Lispector. No entanto, ela não toma conhecimento das causas e dos motivos desses problemas existenciais, não só dela como do mundo inteiro. Foi por isso que botei a Clarice lá. Ela não gostou, e eu não vou tomar uma atitude fascista de matá-la (HENFIL *apud* MORAES, 1999).

Todas as acusações que Henfil fez a Clarice só provam que ele desconhecia sua produção marcada pela transgressão, inquietação e ruptura. Não nos esqueçamos de que Clarice participou da Passeata dos Cem Mil em 1968 contra a ditadura militar e escreveu a crônica "Mineirinho", publicada em 1962, fortíssima crítica à violência da polícia no Rio Janeiro. Também *A hora da estrela* e o conto "A bela e a fera ou A ferida é grande demais", escritos em 1977, são exemplos de uma ficção de viés social. Talvez Henfil esperasse que Clarice escrevesse sobre consciência de classe. Clarice tinha uma ambição muito maior do que o comprometimento político. Ela mesma, anos antes de seu enterro por Henfil, comenta em *A descoberta do mundo* sobre uma entrevista que concedeu a pedido da Editora Civilização Brasileira e de Paulo Francis. Sobre a literatura engajada, Clarice diz:

> Perguntou-me [a jornalista] o que eu achava da literatura engajada. Achei válida. Quis saber se eu me engajava. Tudo o que eu escrevo está ligado, pelo menos dentro de mim, à realidade em que vivemos. É possível que este meu lado ainda se fortifique mais algum dia. Ou não? Não sei de nada. Nem sei se escreverei mais. É mais possível que não (LISPECTOR, 1999, p. 60).

A contemporaneidade de Clarice

Sabe-se que o uso que Clarice fez da linguagem é um dos pontos que a colocam na contemporaneidade. Mais ainda sua capacidade de criar uma história repleta de dicotomias. De um lado, o narrador que vive da palavra; de outro lado, a nordestina semianalfabeta, datilógrafa, que mal sabe falar e repete o que ouve na Rádio Relógio. A cultura, o homem instruído e o capim: "[...] dir-se-ia que havia brotado da terra do sertão um cogumelo mofado, ela falava, sim, mas era extremamente muda. Uma palavra dela eu às vezes consigo, mas ela foge por entre os dedos" (p. 44).

Além desse pensamento paradoxal entre Rodrigo e Macabéa, não nos esqueçamos de que o próprio Rodrigo é um desdobramento de vozes, também é ele a estrela de mil pontas, que rompe com a tradição narrativa[11] e se mistura à própria autora que se desfaz de sua condição feminina: "[...] o que escrevo um outro escreveria. Um outro escritor, sim, mas teria que ser homem porque escritora mulher pode lacrimejar piegas" (p. 28).

Há uma batalha dentro do texto; o narrador luta para representar Macabéa, este ser orgânico à beira do nada que vai em direção à morte. Até que Rodrigo S.M. mata a nordestina. Entretanto, "por enquanto é tempo de morangos" (p. 106) e haverá outro "sim", última palavra da novela, mas que se emenda ao início dela: "Tudo começou com um sim" (p. 25). Em um movimento cíclico, final e início se emendam.

Outro aspecto importante é a polifonia que Clarice executa na obra. Há uma mistura de diálogos incompatíveis entre contradições sociais e existenciais.

---

11 A narração apresenta uma estrutura formada por narrador, personagem, enredo, tempo, espaço e discurso. Clarice rompe com esse padrão em vários aspectos: no discurso metalinguístico – construindo o metarromance – e usando recursos como a análise psicológica, o fluxo da consciência e a linguagem fragmentada, entre outros.

Um exemplo disso é que Lispector nos lembra o tempo inteiro, por meio da metalinguagem, de que existe um autor por detrás da obra.

Autoria *versus* heteronímia

O fenômeno da heteronímia ficou muito conhecido a partir de Fernando Pessoa. O poeta português, ao criar seus heterônimos, dá a cada um deles uma identidade própria e um estilo único e singular.

Seria Rodrigo S.M. um heterônimo de Clarice? Eu diria que não. Partamos da dedicatória do autor (na verdade, Clarice Lispector). Esse é um momento ímpar em que Clarice assume efetivamente a autoria de seu texto que é narrado por Rodrigo S.M. Entretanto, o que acontece de fato é que Clarice não desaparece de sua narrativa. Ela está em Rodrigo S.M. e em Macabéa. Através dele, Lispector expressa a si mesma, mostrando ao público que quem escreve é ela, com o estilo de sempre e sua linguagem inconfundível. Rodrigo S.M. é seu duplo, é o falso autor. São Clarice e seu outro, e o outro nunca está além ou fora de nós. É lógico também que a escolha de um homem e não de uma mulher para o papel de narrador também é uma resposta de Clarice àqueles que consideravam sua escritura apenas como uma produção feminina.

Clarice faz-se presente na dedicatória do autor para que o leitor não se esqueça de que é ela quem escreve e assina sua obra atravessando os treze títulos, que aparecem na primeira página antes da narrativa. Rodrigo também é construído com a condição de escritor, que também é uma marca de sua história de vida. É seu *alter ego*, uma projeção da própria Clarice. Por meio dele, ela expressa sua visão de mundo e as dificuldades por que passa um escritor no processo de criação.

Rodrigo S.M. é personagem e narrador a um só tempo. Há hipóteses de que S.M. seja uma sigla para "substantivo masculino" ou "Sua Majestade". Penso que S.M. são apenas iniciais do sobrenome de Rodrigo. Clarice tinha essa mania, que pode ser constatada também na personagem G.H., em *A paixão segundo G.H.* Rodrigo é o narrador de uma epopeia moderna (uma epopeia às avessas), porquanto a fusão de sua história com a de Macabéa permite ver a fragmentação do homem, destituído de si e inserido numa sociedade capitalista que vai sendo desconstruída ao longo da narrativa.

O autorretrato de Clarice

Rodrigo S.M. é uma modulação de Clarice. Por meio dele, questiona-se o fazer literário. Seria ele uma espécie de pseudoautor? Por que não? Rodrigo sofre ao escrever o livro e sofre por Macabéa; ele nada pode fazer por ela. E ela não tem consciência dele.

Devo dizer que essa moça não tem consciência de mim, se tivesse teria para quem rezar e seria a salvação. Mas eu tenho plena consciência dela: através dessa jovem dou o meu grito de horror à vida. À vida que tanto amo (p.49).

Segundo a escritora Hélène Cixous,

Macabéa não é apenas um personagem de ficção. Ela é um grão de poeira que entrou no olho da autora e provocou uma torrente de lágrimas. [...] é também uma torrente de perguntas imensas e humildes que não pedem respostas [...]. Macabéa precisa de um autor especial. É por amor a Macabéa que Clarice Lispector vai criar o autor necessário (CIXOUS, 1999, p. 129).

Se Rodrigo é o porta-voz de Clarice para o discurso metalinguístico da obra, Macabéa é o autorretrato de Clarice, e a história da migrante nordestina é a própria história da escritora. Afinal, desde sua saída da Ucrânia, sua infância no Recife, sua vinda para o Rio de Janeiro, sua passagem por vários países acompanhando o marido diplomata, quem seria mais estrangeira do que a própria Clarice?

Além disso, se pensarmos nos treze títulos dados à obra, encontramos entre eles a assinatura de Clarice, integrando-se ao percurso migratório vivido tanto por ela como por seu autorretrato, Macabéa.

Os treze títulos

A multiplicidade de títulos para a obra parece sugerir, mais que a óbvia errância do narrador como escritor, a errância, orgânica na obra, da trajetória da nordestina em direção à sua hora de estrela. Os títulos ampliam a significação e permitem que o significado de *A hora da estrela* se preencha ou se esvazie de sentidos: *O direito ao grito* versus *Ela não sabe gritar* ou *A culpa é minha* versus *Não posso fazer nada*.

Há quem ainda enxergue nessas múltiplas titulações os folhetos de cordel, estendidos nas feiras nordestinas. E mais uma vez a marca pessoal de Clarice impressa em Macabéa.

Observe-se que a contradição entre os títulos *A culpa é minha* e *Eu não posso fazer nada* traduz intenções opostas de assumir ou não uma responsabilidade social. Ao não escolher o título *Ela que se arranje*, Clarice nos aponta quão difícil é ignorar a condição daqueles que a sociedade oprime. *O direito ao grito* é uma forma de assumir sua voz de escritora e gritar por Macabéa, que não sabe gritar, mas não é escolhido como título da obra, assim como *Registro de fatos antecedentes* também é deixado de lado. Afinal, o momento mais importante não é o que veio antes, mas sim o que acontecerá a Macabéa no futuro, ou seja, sua morte, quando enfim encontrará a sua hora, *A hora da estrela*. *Saída pela porta dos fundos* banalizaria a morte de Macabéa, ela seria mais uma das tantas nordestinas mortas pelo sistema. *História lacrimogênica de cordel* tematiza algo parecido com o texto, mas não faz um mergulho profundo no abismo que é a obra. *Assovio no vento escuro*, *Uma sensação de perda* e *O lamento de um blues* são títulos extremamente poéticos que emocionam o leitor e se contrapõem à crueza que a narrativa exige.

5

ELEMENTOS NARRATIVOS

Foco narrativo

Em *A hora da estrela,* temos uma exploração original e intrincada deste elemento da narrativa. O narrador-autor do livro anuncia-se como Rodrigo S.M., mas na dedicatória coloca-se um problema, uma vez que ela é assim intitulada: "Dedicatória do autor (na verdade Clarice Lispector)". Logo, podemos concluir que Rodrigo S.M. é um pseudoautor, um narrador e um personagem paralelo da história de Macabéa. Temos, portanto, um Rodrigo que pensa (primeira pessoa) e um Rodrigo que escreve (terceira pessoa).

Segundo Guidin, a obra:

> [...] conta várias histórias: a história da nordestina, a história de Rodrigo, que se vê refletido na personagem, e a história de como escrever um livro com uma personagem miserável e fatos ralos. Para isso, a escritora recorre a outro desmascaramento

na máscara de seu heterônimo Rodrigo: terá de ser um escritor homem (GUIDIN, 1996, p. 49)

O foco narrativo bifurca entre o "eu" de Rodrigo e a história de Macabéa. Com isso varia-se o foco de acordo com a posição que ele assume no texto, indo para a história de Macabéa e voltando para sua própria história e reflexões.

Macabéa mira-se no espelho e Rodrigo a vê. No lugar do rosto da nordestina, vê seu próprio rosto. Acaba por projetar-se em sua protagonista. Ele sabe de sua existência, ao contrário dela, que não o conhece. E por meio dela, ele faz seu desabafo, dá o seu grito de horror:

A ação dessa história terá como resultado minha transfiguração em outrem e minha materialização, enfim, em objeto. Sim, e talvez alcance a flauta doce em que eu me enovelarei em macio cipó (p. 35).

(Com excesso de desenvoltura estou usando a palavra escrita e isso estremece em mim que fico com medo de me afastar da Ordem e cair no abismo povoado de gritos: o Inferno da liberdade. Mas continuarei.) (p. 53).

Há um entrelaçamento entre sua própria história e a história de Macabéa. Esse narrador/autor/

personagem define sua história de várias formas: "novela", "relato", "desabafo", "literatura de cordel", "melodrama". Na verdade, não lhe interessa o gênero textual; interessa-lhe a história: a sua e a de Macabéa. A percepção de cada detalhe faz com que se rompa a lógica prosaica e se construa no lugar dela uma prosa mais poética.

> [...] instaura-se no interior do universo ficcional o jogo de espelhos a refletir múltiplas faces, como: [...] o questionamento do "fazer-literário", a angustiada busca pela definição da própria identidade, a delimitação do "eu" perante a presença do "tu" (LUCCHESI,1987).

Para contar todas essas histórias, Rodrigo S.M. adota um "falso livre-arbítrio":

> A história – determino com falso livre-arbítrio – vai ter uns sete personagens e eu sou um dos mais importantes deles, é claro. Eu, Rodrigo S.M. (p. 27).

Assim, como narrador/autor/personagem, Rodrigo tem pleno domínio da condução da narrativa, embora pareça "não querer assumir" a responsabilidade ou a certeza sobre o que narra:

Como é que sei tudo o que vai se seguir e que ainda o desconheço, já que nunca o vivi? É que numa rua do Rio de Janeiro peguei no ar de relance o sentimento de perdição no rosto de uma moça nordestina. Sem falar que eu em menino me criei no Nordeste. Também sei das coisas por estar vivendo (p. 23).

O fato é que tenho nas minhas mãos um destino e no entanto não me sinto com o poder de livremente inventar: sigo uma oculta linha fatal. Sou obrigado a procurar uma verdade que me ultrapassa (p. 35).

Pergunto-me se eu deveria caminhar à frente do tempo e esboçar logo um final. Acontece porém que eu mesmo ainda não sei bem como esse isto terminará (p. 30).

A opção por esse narrador faz com que tenhamos no livro o que o crítico literário Benedito Nunes chamou de "jogo de encaixes narrativos": existe a história de Macabéa e, paralelas à história dela, existem ao menos duas outras:

- a história do narrador/autor, que acaba por se envolver completamente e se identificar com a personagem:

Mas a pessoa de quem falarei mal tem corpo para vender, ninguém a quer, ela é virgem e inócua, não faz falta a ninguém. Aliás – descubro eu agora – também eu não faço a menor falta, e até o que escrevo um outro escreveria (p. 28).

Limito-me a humildemente – mas sem fazer estardalhaço de minha humildade que já não seria humildade – limito-me a contar as fracas aventuras de uma moça numa cidade toda feita contra ela. Ela que deveria ter ficado no sertão de Alagoas com vestido de chita e sem nenhuma datilografia, já que escrevia tão mal, só tinha até o terceiro ano primário (p. 29).

Desculpai-me, mas vou continuar a falar de mim que sou meu desconhecido, e ao escrever me surpreendo um pouco pois descobri que tenho um destino. Quem já não se perguntou: sou um monstro ou isto é ser uma pessoa? (p. 29).

Com esta história eu vou me sensibilizar, e bem sei que cada dia é um dia roubado da morte. Eu não sou um intelectual, escrevo com o corpo (p. 30).

Quero nesse instante falar da nordestina. É o seguinte: ela como uma cadela vadia era teleguiada

> exclusivamente por si mesma. Pois reduzira-se a si. Também eu, de fracasso em fracasso, me reduzi a mim mas pelo menos quero encontrar o mundo e seu Deus (p. 32).

> Por que escrevo sobre uma jovem que nem pobreza enfeitada tem? Talvez porque nela haja um recolhimento e também porque na pobreza de corpo e espírito eu toco na santidade, eu que quero sentir o sopro do meu além. Para ser mais do que eu, pois tão pouco sou (p. 35).

- a história da escritura do próprio livro, ou seja, a reflexão metalinguística, questionando constantemente a condução da história que se escreve e o seu sentido. Tal reflexão conduz a um estado de angústia bastante comum no universo de Clarice Lispector.

> Enquanto eu tiver perguntas e não houver resposta continuarei a escrever (p. 25).

> Como estou escrevendo na hora mesma em que sou lido. Só não inicio pelo fim que justificaria o começo – como a morte parece dizer sobre a vida – porque preciso registrar os fatos antecedentes (p. 26).

> Proponho-me a que não seja complexo o que escreverei, embora obrigado a usar as palavras que vos sustentam (p. 26).

> História exterior e explícita, sim, mas que contém segredos – a começar por um dos títulos, "Quanto ao futuro", que é precedido por um ponto final e seguido de outro ponto final. Não se trata de capricho meu – no fim talvez se entenda a necessidade do delimitado. (Mal e mal vislumbro o final que, se minha pobreza permitir, quero que seja grandioso.) Se em vez de ponto fosse seguido por reticências o título ficaria aberto a possíveis imaginações vossas, porventura até malsãs e sem piedade (p. 27).

Rodrigo S.M. tenta justificar sua atividade de escritor. "Por que escrevo?" é uma pergunta elaborada de forma direta em determinado momento do livro:

> Por que escrevo? Antes de tudo porque captei o espírito da língua e assim às vezes a forma é que faz conteúdo. Escrevo, portanto não por causa da nordestina, mas por motivo grave de "força maior", como se diz nos requerimentos oficiais, por "força da lei" (p. 32).

E de forma indireta no desenrolar de toda a obra. As dúvidas, os dilemas, as indecisões do autor/

narrador sobre a vida e o fazer literário são mais um ponto da tessitura narrativa que une as histórias de Rodrigo-Clarice-Macabéa.

> Escrevo por não ter nada a fazer no mundo: sobrei e não há lugar para mim na terra dos homens. Escrevo porque sou um desesperado e estou cansado, não suporto mais a rotina de me ser e se não fosse a sempre novidade que é escrever, eu me morreria simbolicamente todos os dias. Mas preparado estou para sair discretamente pela saída da porta dos fundos. Experimentei quase tudo, inclusive a paixão e o seu desespero. E agora só quereria ter o que eu tivesse sido e não fui (p. 36).

À medida que a trama se desenrola, as respostas aos questionamentos aparecem. Conhecendo o que pensa o narrador, o que pensam os personagens e os fatos que se sucedem, o leitor vai se reconhecendo e tornando-se cúmplice e não mais um leitor passivo.

Clarice faz uma espécie de "pacto com o leitor", convidando-o ao enfrentamento em relação à obra lida. Não é à toa que, no romance A *paixão segundo G.H.*, o leitor, de mãos dadas com a protagonista, assuma todos os riscos dessa descida ao abismo que poucos podem suportar. Sobre essa relação de Clarice com o leitor, Emília Amaral afirma:

> Clarice parece procurar na imagem do leitor para o qual escreve uma alteridade em que se possa refletir, que de algum modo seja capaz de espelhá-la [...]. Essa inversão de papéis remete a um dos aspectos mais importantes do universo artístico clariceano, que pode ser entendido a partir da reversibilidade radical de quaisquer elementos nele existentes. Tais elementos sistematicamente transformam-se no contrário do que são a caminho de sua verdadeira identidade, no entanto sempre inatingível. A escritora parece insistir em que o eu (tanto quanto seus fatos de identidade – sensações, sentimentos, ideias, reflexões, vontade e consciência de si etc.), na medida em que necessita converter-se em alteridade para melhor se perceber e expressar, não existe em si mesmo (AMARAL, 2004, p. 18).

Essa ideia pactual com o leitor reflete uma ideia que Walter Benjamin defende: a desautomatização do leitor[1]. Para ele, o escritor da modernidade precisa

---

1   O termo *desautomatização* teve origem na Escola Estruturalista de Praga. Os estruturalistas entendem como o conjunto de procedimentos que a linguagem literária efetua para produzir o estranhamento no leitor. Quando isso ocorre, a apreensão da mensagem desliga-se dos automatismos que dominam o uso comum da língua. Ao recorrer a artifícios verbais, o escritor dá um sentido particular à linguagem comum e não permite que ela fique sujeita a automatismos (uso corrente da linguagem). Após a desautomatização, o escritor colocará ênfase na forma das frases, sem deixar que prevaleça a denotação ou a referencialidade. A função poética da linguagem é uma forma de desautomatização.

reconhecer a precariedade de sua experiência e produzir uma literatura que leve em conta os leitores, colocando-os numa posição de coautores, de colaboradores da obra literária.

> Como é que sei tudo o que vai se seguir e que ainda desconheço, já que nunca o vivi? É que numa rua do Rio de Janeiro peguei no ar de relance o sentimento de perdição no rosto de uma moça nordestina (p. 26).

> Sim, mas não esquecer que para escrever não-importa-o-quê o meu material básico é a palavra. Assim é que esta história será feita de palavras que se agrupam em frases e destas se evola um sentido secreto que ultrapassa palavras e frases (p. 28).

E é nessa cumplicidade que leitor, narrador e personagens se encontram todos no abismo profundo da produção clariceana, de onde sair ileso é praticamente impossível.

PERSONAGENS
Macabéa
O nome dessa moça foi tirado dos livros bíblicos *Primeiro* e *Segundo Macabeus*, povo combatente e defensor da Santa Lei dada aos judeus por Moisés,

das tradições judaicas e do Templo Sagrado de Jerusalém. A Grécia queria helenizar todos os povos, proibir a leitura da *Torá* e a prática dos ritos religiosos. Mas onde está essa bravura dos Macabeus em Macabéa? O nome Macabéa demonstra uma paródia do texto bíblico, como afirma a estudiosa Olga de Sá. O nome deriva do povo guerreiro, que lutou em defesa do Monte Sião contra os gregos, mantendo-se obediente às leis judaicas. Aqui é inevitável lembrar que Clarice tinha origem judaica. Essa é mais uma das ironias da obra. Segundo Nelson Vieira,

> [...] é uma adaptação da história apócrifa dos Macabeus ao mundo contemporâneo, representado pelo Rio de Janeiro onde sua heroína Macabéa, uma pobre menina nordestina, se torna o símbolo dos zelotas bíblicos – os Macabeus e [...] onde são dramatizados os conflitos sociais, ilustrando como é resistente o espírito humano perante as forças de repressão social num país como o Brasil (VIEIRA, 1989).

O que Vieira está nos dizendo é que Macabéa pertence ao exército dos oprimidos e excluídos dessa sociedade técnica onde vive.

É neste ponto que quer se lançar uma reflexão. Os Macabeus foram os integrantes de um exército rebelde judeu. Os livros bíblicos aos quais me referi não constam na Bíblia Hebraica e são considerados apócrifos pelos judeus e pelos protestantes, mas estão na Bíblia Católica (são parte dos livros deuterocanônicos do Antigo Testamento). Esses livros tentam manter vivos os ideais de liberdade e os valores judaicos defendidos pelos Macabeus. E uma história de luta em busca da liberdade e da reconquista da terra. Os livros são assim chamados em função do apelido do mais ilustre filho de Matatias, Judas, chamado de o Macabeu. Os Macabeus acabaram se tornando uma alegoria de lutas políticas contra a tirania. Para eles a fé não é uma fuga do mundo, mas uma intervenção política direta. É preciso entender que, por mais fraco que um povo venha a ser, ele não deve se subordinar à prepotência. O povo deve lutar sempre e firmar sua autonomia e liberdade. Isto posto, acredito que Clarice deu o nome Macabéa à moça pobre nordestina com o intuito de fazer referência à luta da personagem para sobreviver e encontrar seu lugar no mundo, mesmo que esse lugar só seja reconhecido no momento de sua morte.

Poucos personagens na literatura foram descritos com tão extrema crueldade por seu narrador:

> Mas a pessoa de quem falarei mal tem corpo para vender, ninguém a quer, ela é virgem e inócua, não faz falta a ninguém (p. 28).

Ela nascera com maus antecedentes e agora parecia uma filha de um não-sei-o-quê com ar de se desculpar por ocupar espaço. No espelho distraidamente examinou de perto as manchas no rosto. Em Alagoas chamavam-se "panos", diziam que vinham do fígado. Disfarçava os panos com grossa camada de pó branco e se ficava meio caiada era melhor que o pardacento. Ela toda era um pouco encardida, pois raramente se lavava. De dia usava saia e blusa, de noite dormia de combinação. Uma colega de quarto não sabia como avisar-lhe que seu cheiro era murrinhento. E como não sabia, ficou por isso mesmo, pois tinha medo de ofendê-la. Nada nela era iridescente, embora a pele do rosto entre as manchas tivesse um leve brilho de opala. Mas não importava. Ninguém olhava para ela na rua, ela era café frio (p. 42).

Pois mesmo o fato de vir a ser uma mulher não parecia pertencer à sua vocação. A mulherice só lhe nasceria tarde porque até no capim vagabundo há desejo de sol (p. 43).

É a protagonista ingênua, primitiva. Criada por uma tia beata, depois da morte dos pais, quando tinha 2 anos. Tem em seu corpo franzino "a herança do sertão". Reprimida de todas as formas, é alheia a si e à sociedade em que vive.

Num entrecruzamento de diversas histórias, acompanhamos seu drama, sonhando com o príncipe encantado, vivido de uma forma cruelmente irônica por uma espécie de opressor.

> Quanto à moça, ela vive num limbo impessoal, sem alcançar o pior nem o melhor. Ela somente vive, inspirando e expirando, inspirando e expirando. Na verdade – para que mais que isso? O seu viver é ralo (p. 38).

> Essa moça não sabia que ela era o que era, assim como um cachorro não sabe que é cachorro. Daí não se sentir infeliz. A única coisa que queria era viver. Não sabia para que, não se indagava (p. 42).

Essa moça tão insignificante, tão sem importância, vai vivendo à toa, sem ao menos se perguntar "quem sou eu?". Macabéa é incompetente para o amor, para o trabalho, para a vida, para o ser, para o ter, para tudo. Essa insignificância soma-se a sua não consciência e se revela nos mínimos detalhes:

> Macabéa gostava de filme de terror ou de musicais. Tinha predileção por mulher enforcada ou que levava um tiro no coração. Não sabia que ela própria era uma suicida embora nunca lhe tivesse ocorrido

se matar. É que a vida lhe era tão insossa que nem pão velho sem manteiga. Enquanto Olímpico era um diabo premiado e vital e dele nasceriam filhos, ele tinha o precioso sêmen. E como já foi dito ou não foi dito Macabéa tinha ovários murchos como um cogumelo cozido (pp. 75-76),

Moça alagoana, humilde, fora de seu mundo, é virgem, é datilógrafa semianalfabeta, alienada e feia. Deixa-se levar pela vida tal qual a água da chuva que cai por força da gravidade. Gosta de goiabada com queijo e Coca-Cola. Seu sonho é ser artista de cinema. Morre atropelada por uma Mercedes justamente quando espera um futuro melhor. Mais uma vez aqui, o lado judeu de Clarice fala nas entrelinhas. Uma metáfora do sofrimento que os alemães impuseram aos judeus. A fábrica da Mercedes é alemã.

"A moça não tinha. Não tinha o quê? É apenas isso mesmo. Não tinha" (p. 40). É assim que Rodrigo vai nos mostrando Macabéa, mulher de ausências, lacunas, de vazio inenarrável. Ela é inteira a própria negação do humano. Não vive, vegeta. Seu projeto de vida não vai além das necessidades básicas, das vitrines ou filmes que ela vê nos fins de semana. Ela medita sobre o nada com a cara de quem quer um tapa.

Lukács, em seus estudos, fala do herói problemático, coisificado, diluído, que representa a falência do humano na sociedade moderna. Seria Macabéa essa espécie de heroína problemática?

O herói problemático da modernidade

Macabéa é a própria contradição da ideologia burguesa. Ela é construída na sua magreza, desajeitada, insossa, com rosto de desespero, "vida primária que respira, respira, respira" (p. 27). A história da moça nordestina que o mundo maltrata é a história da própria autora, de outras tantas moças nordestinas, de qualquer um de nós, daí o fato de ser uma história que "acontece em estado de emergência e de calamidade pública" (p. 22).

Segundo John Locke,

> cada indivíduo é responsável pela sua existência, que lhe é dada pelo seu trabalho, ou seja, pela capacidade que cada qual tem em seu próprio corpo de prover a sua subsistência. Com este princípio se abandona a Teologia como explicação da origem e conservação da vida humana (LOCKE, 1973, p. 51-53).

Em outras palavras, Locke defende uma ideia que Terry Eagleton depois desenvolverá, a da "autoidentidade do sujeito", um tipo de humano que constrói o mundo em que vive e também se constrói pelo próprio trabalho. Mas quem é Macabéa nessa ideia fundada de autoidentidade do sujeito? Ela é a própria contradição, é o paradoxo humano. Aquele ser-humano-quase-capim faz o leitor refletir sobre o que a sociedade tem feito às pessoas excluídas.

O herói moderno é construído pela escassez e pelo fracasso, é solitário e partido, tal qual Macabéa, em sua quase mudez, pedindo desculpa por ser dispensável numa sociedade tecnológica. Mostra-se o que Maca tem de ruim, nunca suas virtudes, se é que ela as tem. O herói às avessas é a concretização do projeto anticapitalista.

Se de um lado tem-se uma sociedade veloz, de outro lado temos um herói problemático que se arrasta na morosidade que "vivia em câmera leeeenta, lebre puuuuul`ulando no aaaar sobre os ooooouteiros [...]" (p. 50). Macabéa não tem nenhum tipo de poder transformador, não consegue transformar nem a si mesma. Rodrigo é quem a conduz, a ponto de ter vontade às vezes de estapeá-la.

Sua caracterização física e psicológica contradiz por inteiro o herói burguês. Pobre de linguagem, inconsciente de si e do mundo que habita, "leve e crente como uma idiota", infeliz sem a percepção de ser assim, Macabéa está fadada à desconstrução até a boca colar no chão.

"Tão viva quanto eu" – A subalternidade de Macabéa

Pensemos pelo viés dos estudos pós-colonialistas. A hegemonia europeia estabeleceu norma e forma para as narrativas e explicações da sua superioridade em relação ao Outro, o colonizado. É claro que pensamos no macro primeiramente para, em seguida, pensarmos no micro.

O sujeito colonial é o Outro, é apreendido como o Outro em seu grau de inferioridade. E essa dicotomia entre o Sujeito hegemônico e o Outro colonizado impede este de ascender à condição de sujeito.

Se esse pensamento for trazido para o espaço brasileiro, proponho um outro tipo de abismo – o que divide o norte e o sul do país. Fatores geográficos e socioeconômicos fazem das migrações um fluxo contínuo. E o retirante, como se chama aquele que migra, nada mais é do que "as intromissões do Outro no mundo desenvolvido" (SANTOS apud SPIVAK, 2010, p. 77-79), conforme aponta Boaventura de Souza Santos.

Em se tratando do migrante nordestino, suas representações na literatura serviram para mostrar o Outro alheio à modernidade das regiões desenvolvidas do país e completamente incapaz de se firmar como Sujeito.

Essa condição do retirante é ainda mais intensificada quando olhamos para a mulher nordestina. Fisicamente impotente e sujeitada a enormes sacrifícios para poder sobreviver, amplamente excluída, simplificada e silenciada, incapacitada de construir seu próprio sentido.

É, de fato, o retrato da mulher subalterna.

Há uma forte identificação entre Rodrigo S.M., Clarice e Macabéa. Assim como Clarice busca narrar e se narrar, busca as respostas existenciais, Rodrigo S.M., narrando, se narra. Macabéa também é Clarice, que morou em Alagoas, não era boa datilógrafa, tomava café e Coca-Cola e ouvia a Rádio Relógio nos momentos de solidão. Dessa ciranda, também fazem parte Olímpico de Jesus, Glória, as Marias, todos subalternos.

Macabéa é o Outro de Rodrigo S.M: "De uma coisa tenho certeza: essa narrativa mexerá com uma coisa delicada: a criação de uma pessoa inteira que na certa está tão viva quanto eu" (p. 33). A vivência trágica de Macabéa é o contraponto do narrador. As reflexões sobre sua própria escrita e o exercício metalinguístico se opõem à personagem insípida e insossa que ele cria. Rodrigo S.M constrói um ser por meio da linguagem, da sua linguagem e não da linguagem de Macabéa, porque praticamente isso inexiste na retirante.

Se o narrador é um contraponto de Macabéa, Olímpico de Jesus, o namorado bruto, também o é. Cheio de virilidade, bem articulado, o "cabra-macho" nordestino estabelece com ela um relacionamento marcado pelo desprezo, o que não impede Macabéa de idolatrá-lo.

Apesar de ambos pertencerem à mesma camada social, a datilógrafa e o metalúrgico, com imensas dificuldades de se inserirem na sociedade, a construção do homem e da mulher nordestinos se diferencia. Olímpico é ambicioso, quer ser deputado; Macabéa nem sabe o que é e o que representa.

Essa mulher lacônica, inocente, idiota, raquítica, que não serve nem para parir, irrita Olímpico. Embora a união dessas duas existências miseráveis pudesse buscar uma identidade para ambos, a ignorância de Macabéa e sua falta de ambição tornam os namorados incoerentes um para com o outro. A virgindade da nordestina é o que o prende a ela. Tamanha brutalidade de Olímpico deixa claro que a namorada é apenas uma válvula de escape.

Macabéa é insignificante? Não. Ela é um significante vazio, ou seja, algo sem significado, mas que simultaneamente é parte integral de um sistema de significação. Segundo Ernesto Laclau, ser um significante vazio é algo cujo significado está baseado em um lugar vazio, esgotado de sentido e de significado. Caracterizada por predicações de ausência, Macabéa é a construção de todas as mulheres subalternas unidas em uma só. Nesse aspecto, outro contraponto é a personagem Glória, filha de açougueiro, "bem alimentada", "material de boa qualidade" e "pertencente ao ambicionado clã do sul do país", por quem Olímpico troca a nordestina sem pestanejar.

A ignorância e a impotência de Macabéa possibilitam no final a busca pelo seu lugar de fala. Sua subalternidade só então é substituída pela consciência de si e de sua vida. Por isso, ela morre.

Macabéa e as imagens especulares

A hora da estrela não é a única obra de Clarice em que há o confronto dos personagens com o espelho. A título de ilustração, têm-se imagens especulares em *Água viva* e no conto "Devaneio e embriaguez de uma rapariga", de *Laços de família*.

Macabéa recorrentemente se olha no espelho, por isso lanço aqui uma investigação da representação do perfil feminino refletido por meio do diálogo entre a literatura e a filosofia.

Partamos primeiramente das possíveis representações simbólicas do espelho. Segundo Volante (2014), todo símbolo possui uma pluralidade de sentidos e uma elevada capacidade de renovação. Sendo então o espelho um símbolo, seu sentido é infinito e inesgotável.

Enumeremos aqui as passagens em que Macabéa se coloca diante do espelho e sua possível interpretação.

Primeiramente, por via do interdiscurso e da memória, podemos nos reportar ao mito clássico de Narciso, o belo rapaz que se apaixona por si mesmo através da imagem refletida nas águas antes mesmo de o espelho de fato existir. Tal qual acontece no mito, Macabéa, por diversos momentos, reflete sobre seu eu, em devaneio provocado pelo olhar decorrente do reflexo no espelho. Macabéa vê sua imagem deformada, como Narciso via sempre que tentava se aproximar de seu reflexo turvo por causa das lágrimas derramadas.

Entretanto, não nos esqueçamos de que muitas vezes a literatura de Clarice se faz pelo não dito, quando o discurso se torna muito mais potente no silêncio. O espelho representa as verdades ocultas. Sabemos que Macabéa enfrenta um problema existencial, o desconhecimento de si. Ela não nasceu para a vida, a nordestina nasceu para a morte e na própria morte, ou seja, sua morte já está decretada pelo narrador desde as páginas iniciais. O momento em si da morte é aquele em que se dá a explosão da estrela.

> Olhou-se maquinalmente no espelho que encimava a pia imunda e rachada, cheia de cabelos, o que tanto combinava com a sua vida. Pareceu-lhe que o espelho baço e escurecido não refletia imagem alguma. Sumira por acaso a sua existência física? Logo depois passou a ilusão e enxergou a cara toda deformada pelo espelho ordinário, o nariz tornado enorme como o de um palhaço de nariz de papelão. Olhou-se e levemente pensou: tão jovem e já com ferrugem (p. 40).

A passagem acima reflete a constituição de Macabéa, alguém que é ninguém, que não se reconhece, que não tem essência, mera caricatura envelhecida pela vida tão dura que a levou à ferrugem precocemente. Em outras palavras, é a compreensão que a protagonista cria de si quando se defronta com o espelho e é deformada por ele. Muda, seu corpo lhe era o suficiente, apenas matéria física. Macabéa nos traz reiteradamente a imagem de si própria com estranhamento. Observemos que a moça faz uma reflexão sobre si, sobre quão maltratado estava seu corpo tão jovem e já enferrujado. Penso que pelo não dito, Clarice, e não Rodrigo, mostra-nos que Macabéa não é tão alheia quanto o narrador nos quer fazer pensar.

Outra passagem marcante é a que se segue, em que a nordestina se olha no espelho e Rodrigo S.M. se vê na imagem refletida.

> Vejo a nordestina se olhando ao espelho e – um ruflar de tambor – no espelho aparece o meu rosto cansado e barbudo. Tanto nós nos intertrocamos. Não há dúvida que ela é uma pessoa física. E adianto um fato: trata-se de uma moça que nunca se viu nua porque tinha vergonha. Vergonha por pudor ou por ser feia? (p. 37).

É interessante observar aqui que há através do espelho o encontro com o outro, encontro de Rodrigo S.M. com aquele por meio do qual há de se conhecer também. Antes de voltarmos a essa passagem, só gostaria de registrar que a ideia do outro já fora trabalhada por Machado de Assis no conto "O espelho", em *Papéis avulsos*, de 1882. Parafraseando o escritor, eu diria que o espelho é a única forma que eu encontro para ser um e dois ao mesmo tempo: eu e outro. Entendamos que esse outro é um desdobramento do mesmo, ele aparece refletido nela e vice-versa. A ideia do "reflexo" aparece literal ou metaforicamente, e entre o que se mostra no espelho e o que se é, há uma mudez, um silêncio que grita. Reitero que a nordestina reflete diante do espelho.

Ainda nessa passagem, tem-se a consciência da subjetividade quando Rodrigo diz que, por pudor ou feiura, Macabéa nunca se viu nua. E a partir de então estabelece-se um jogo de espelhos, em que o eu aparece e desaparece, confundindo-se com o outro. O que Macabéa viu era exatamente aquilo que não estava lá, ela, que nunca se viu nua, olhou-se no espelho e Rodrigo viu sua imagem refletida. Ao se ver no espelho, o narrador está diante de uma realidade invertida, o que nos leva aqui à ideia da alteridade: eu sou o outro e o outro sou eu. O fato de nunca ter visto a si mesma nua não impede Macabéa de ter uma identidade; diariamente, a nordestina "quando acordava não sabia mais quem era. Só depois é que pensava com satisfação: sou datilógrafa e virgem, e gosto de Coca-Cola" (p. 52).

> Quando era pequena sua tia para castigá-la com o medo dissera-lhe que o homem-vampiro – aquele que chupa sangue da pessoa mordendo-lhe o tenro da garganta – não tinha reflexo no espelho. Até que não seria de todo ruim ser vampiro pois bem que lhe iria algum rosado de sangue no amarelado do rosto, ela que não parecia ter sangue a menos que viesse um dia a derramá-lo (pp. 40-41).

> No espelho distraidamente examinou de perto as manchas no rosto. Em Alagoas chamavam-se "panos", diziam que vinham do fígado. Disfarçava os panos com grossa camada de pó branco e se ficava meio caiada era melhor que o pardacento. Ela toda era um pouco encardida pois raramente se lavava. De dia usava saia e blusa, de noite dormia de combinação. Uma colega de quarto não sabia como avisar-lhe que seu cheiro era morrinhento. [...] Nada nela era iridescente, embora a pele do rosto entre as manchas tivesse um leve brilho de opala. Mas não importava. Ninguém olhava para ela na rua, ela era café frio (p. 42).

Continuemos nossa análise com base nessas citações. A imagem real refletida no espelho não agrada a Macabéa nem a ninguém. A nordestina não habita o campo da visibilidade, embora tente, de certa forma, inserir-se na sociedade técnica à qual pertence. A maquiagem com grossa camada de pó branco é uma maneira que ela encontra de disfarçar a própria aparência.

> A datilógrafa vivia numa espécie de atordoado nimbo, entre céu e inferno. Nunca pensara em "eu sou eu". Acho que julgava não ter direito, ela era um acaso. Um feto na lata de lixo embrulhado em um jornal. Há milhares como ela? Sim, e que são apenas um acaso. Pensando bem: quem não é um acaso na vida? Quanto a mim, só me livro de ser apenas um acaso porque escrevo, o que é um ato que é um fato (p. 52).

Nesse jogo de imagem/reflexo/autoidentificação/alteridade/duplo, Rodrigo S.M. é salvo de ser um acaso, é salvo da mais completa invisibilidade pelo exercício da escrita. O filósofo Schopenhauer, na obra *O mundo como vontade e representação*, afirma: "O mundo é a minha representação" (SCHOPENHAUER, 2003, p. 2). Isso porque ele enxerga o mundo como se fosse um espelho de nós mesmos. Existe o mundo em si, e existem as representações individuais.

Nesse mundo, a imagem que Macabéa vê refletida no espelho e deformada por ele é a de um sujeito que lhe provoca estranhamento.

> Então, no dia seguinte, quando as quatro Marias cansadas foram trabalhar, ela teve pela primeira vez na vida uma coisa a mais preciosa: a solidão. Tinha um quarto só para ela. Mal acreditava que usufruía o espaço. E nem uma palavra era ouvida. Então dançou num ato de absoluta coragem, pois a tia não a entenderia. Dançava e rodopiava porque ao estar sozinha se tornava: l-i-v-r-e!. Usufruía de tudo, da arduamente conseguida solidão, do rádio de pilha tocando o mais alto possível, da vastidão do quarto sem as Marias. Arrumou, como pedido de favor, um pouco de café solúvel com a dona dos quartos, e, ainda como favor, pediu-lhe água fervendo, tomou tudo se lambendo e diante do espelho para nada perder de si mesma. Encontrar-se consigo própria era um bem que ela até então não conhecia (p. 58).

Sabe-se que a busca pela própria identidade ocorre por caminhos tortuosos e conflituosos, e só se concretiza no fim da história. Nessa passagem, em especial, na busca de seu *Ser*, Macabéa também se liberta do fantasma opressor da tia. Parece-me que o espelho é fundamental para a construção da identidade da moça. Na perspectiva junguiana, conscientemente o espelho é o objeto usado para refletir a própria imagem, seja ela negativa ou positiva. Sem Marias, sem o namorado, sem a herança cultural e religiosa da tia, o que sobra refletido no espelho é a sua autoimagem.

> No banheiro da firma pintou a boca toda e até fora dos contornos para que os seus lábios finos tivessem aquela coisa esquisita dos lábios de Marylin Monroe. Depois de pintada ficou olhando no espelho a figura que por sua vez a olhava espantada. Pois em vez de batom parecia que grosso sangue lhe tivesse brotado dos lábios por um soco em plena boca, com quebra-dentes e rasga-carne (p. 79).

A imagem vista no espelho representa o que Macabéa deseja ser. No seu devaneio, após o rompimento com Olímpico de Jesus, comparando-se ao símbolo sexual loiro, Maca tenta constituir seu próprio eu. Através do reflexo, nasce o signo da divergência, pois ali ela era capaz de saber quem era aquela figura diferente dela, era o seu não-eu. Foi, sem dúvida, o primeiro passo para constituição do ser, o reconhecimento do outro. Entretanto, aquilo que Macabéa deseja ser ironicamente se transforma em algo grotesco, pois seus lábios lembram uma carne viva.

Na metáfora especular, o que encontramos verdadeiramente são duas pessoas – Rodrigo e Macabéa – embaçadas, que se fundem na busca pela identidade.

Olímpico de Jesus

O namorado de Macabéa, nordestino como ela, procura a ascensão social a qualquer preço. Para isso, ele rouba e mata. Oculta sua origem impura inventando um pomposo sobrenome: Olímpico de Jesus Moreira Chaves. No Nordeste brasileiro, nomes longos têm a intenção de atestar bons antecedentes familiares. Com Macabéa, é violento e brutal, reduzindo-a ainda mais a uma condição de coisa.

A aparição de Olímpico na narrativa é mais um reforço da anulação de Macabéa. Além dos inúmeros insultos, ele ainda a troca por Glória, na tentativa de encontrar um caminho "para um dia adentrar no mundo dos outros" (p. 83).

Olímpico não tem família, dorme de graça na guarita de obras em demolição, já roubou, já matou. Parece que encontramos aí alguém mais miserável moralmente e materialmente do que Macabéa. Sua grandeza olímpica só está no nome e é mais uma ironia de Clarice. Ao dizer que ele "não sabia que era artista", o narrador nos conta sobre um lado artesão do paraibano – esculpe santos em madeira –, porém o desconhecimento de si mesmo leva-o a trabalhar como um mero metalúrgico, sem nenhuma consciência de classe. Nem ser feliz ele tenta, "será a personificação subdesenvolvida da consciência infeliz, a imagem ressentida e autoritária do miserável arrivista" (DIAS, 1985).

A ideia de reificação do ser humano é uma característica da literatura que surgiu a partir da Segunda Revolução Industrial. Em Clarice, essa ideia deixa clara a relação de poder do homem sobre a mulher e da sociedade opressora sobre o oprimido. Mais um exemplo de verticalização, uma vez que o poder vem de cima para baixo, do mais forte para o mais fraco.

Seu nome também é uma paródia, pois "Olímpico" remete-nos à força para a luta em um mundo que está contra ele, e "de Jesus" era o nome dado às crianças cujo pai desconhecia-se.

> Olímpico de Jesus Moreira Chaves – mentiu ele porque tinha como sobrenome apenas o de Jesus, sobrenome dos que não têm pai. Fora criado por um padrasto que lhe ensinara o modo fino de tratar pessoas para se aproveitar delas e lhe ensinara como pegar mulher (p. 60).

> – Pois para mim a melhor herança é mesmo dinheiro. Mas um dia vou ser muito rico – disse ele que tinha uma grandeza demoníaca: sua força sangrava (p. 62).

No Nordeste tinha juntado salários e salários para arrancar um canino perfeito e trocá-lo por um dente de ouro faiscante. Este dente lhe dava posição na vida. Aliás, matar o tinha feito homem com letra maiúscula (p. 62).

– Sou muito inteligente, ainda vou ser deputado (p. 63).

– Tinha, descobri agora, dentro de si a dura semente do mal, gostava de se vingar, este era o seu grande prazer e o que lhe dava força de vida (p. 64).

É alagoano, indivíduo de má índole, gosta de mentir, roubar, fazer discurso. Assassinou um homem antes de sua vinda para o Rio de Janeiro. Finge saber das coisas. Esse seu saber é falso, mas ele o usa para intimidar Macabéa, que tem curiosidade pelas coisas.

Macabéa e Olímpico

Eles se conhecem em um dia chuvoso. Macabéa não entende nada do que conversam, mas quer conversar. Olímpico sempre a leva a programas gratuitos, como sentar-se em bancos de praça para conversar. Nessas ocasiões, ele se irrita com as perguntas de Macabéa, o que a leva a se desculpar constantemente, pois, apesar dos maus-tratos, não quer perder o único namorado que teve. Certa vez, ele decide pagar-lhe um cafezinho no bar da esquina. Contudo lhe avisa que, se o café com leite fosse mais caro, ela pagaria a diferença. Muito emocionada com a "bondosa atitude do namorado", Macabéa enche o copo de açúcar e acaba ficando enjoada.

O passeio dos namorados acontece com frequência debaixo de chuva, o que leva Olímpico a dizer-lhe que ela "só sabe chover".

> [...] no meio da chuva abundante encontrou (explosão) a primeira espécie de namorado de sua vida, o coração batendo como se ela tivesse englutido um passarinho esvoaçante e preso. O rapaz e ela olharam-se por entre a chuva e se reconheceram como dois nordestinos [...] Da segunda vez em que se encontraram caía uma chuva fininha que ensopava os ossos. Sem nem ao menos se darem as mãos caminhavam na chuva que na cara de Macabéa parecia lágrimas escorrendo. Terceira vez em que se encontraram – pois não é que estava chovendo? (p. 60).

Em um passeio pelo Zoológico, Macabéa se amedronta tanto com o rinoceronte que urina na roupa e, em seguida, tenta disfarçar para não desagradar ao namorado. Ao observar no escritório que somente o chefe e a colega Glória recebem telefonemas,

Macabéa dá uma ficha telefônica a Olímpico para que ele ligue para ela, o que ele recusa, pois não quer ouvir as bobagens da nordestina.

Olímpico trabalha como metalúrgico, tem sonhos de riqueza e quer ser deputado. É visível o menosprezo que ele sente por Macabéa, que se limita à própria inferioridade. O relacionamento beira o patético.

> Ele se aproximou e com voz cantante de nordestino que a emocionou, perguntou-lhe:
> – E se me desculpe, senhorinha, posso convidar a passear?
> – Sim, respondeu atabalhoadamente com pressa antes que ele mudasse de ideia.
> – E, se me permite, qual é mesmo a sua graça?
> – Macabéa.
> – Maca – o quê?
> – Bea, foi ela obrigada a completar.
> – Me desculpe, mas até parece doença, doença de pele (p. 59).

Olímpico é a contraposição de Macabéa. Ela, frágil; ele, viril, "cabra-macho nordestino". O desprezo dele se contrapõe à contemplação ingênua dela:

> Eles não sabiam como se passeia. Andaram sob a chuva grossa e pararam diante da vitrine de uma

loja de ferragem onde estavam expostos atrás do vidro canos, latas, parafusos grandes e pregos. E Macabéa, com medo de que o silêncio já significasse uma ruptura, disse ao recém-namorado:

– Eu gosto tanto de parafuso e prego, e o senhor? (p. 60).

O relacionamento entre os dois nada mais era do que a união de duas existências miseráveis. A ignorância e a falta de ambição de Macabéa perturbavam profundamente Olímpico, principalmente quando ele não sabia responder às perguntas dela. Mais do que ele, Macabéa era um significante vazio – para usar o termo cunhado por Ernesto Laclau. Em outras palavras, Macabéa pode ser definida por categorias de ausência. Inclusive uma ausência de corpo, uma figura feminina que "sonhava estranhamente em sexo, ela que de aparência era assexuada" (p. 50). Ainda sobre o sexo:

Ela sabia o que era desejo – embora não soubesse que sabia. Era assim: ficava faminta, mas não de comida, era um gosto meio doloroso que subia do baixo-ventre e arrepiava o bico dos seios e os braços vazios sem abraço. Tornava-se toda dramática e viver doía. Ficava então meio nervosa e Glória lhe dava água com açúcar (p. 61).

Na verdade, eles são opostos na maneira de ser. Ela é ingênua, simples, não tem consciência de si e do mundo em que vive. Ele a namora porque é moça virgem. Ele é tosco, rude, agressivo com as palavras. Embora iletrado, é ambicioso e inconformado com a sua situação socioeconômica. A separação é inevitável. Ele a troca por Glória, que lhe parece ser melhor parideira.

> Olímpico na verdade não mostrava satisfação nenhuma em namorar Macabéa – é o que eu descubro agora. Olímpico talvez visse que Macabéa não tinha força de raça, era subproduto. Mas quando ele viu Glória, colega de Macabéa, sentiu logo que ela tinha classe (p. 76).

> Diante da cara um pouco inexpressiva demais de Macabéa, ele até que quis lhe dizer alguma gentileza suavizante na hora do adeus para sempre. E ao se despedir lhe disse:
> – Você, Macabéa, é um cabelo na sopa. Não dá vontade de comer. Me desculpe se eu lhe ofendi, mas sou sincero. Você está ofendida? (pp. 77-78).

> Olímpico de Jesus trabalhava de operário numa metalúrgica e ela nem notou que ele não se chamava de "operário" e sim de "metalúrgico". Macabéa ficava contente com a posição social dele porque

também tinha orgulho de ser datilógrafa, embora ganhasse menos que o salário-mínimo. Mas ela e Olímpico eram alguém no mundo. "Metalúrgico e datilógrafa" formavam um casal de classe (p. 61).

Macabéa era na verdade uma figura medieval enquanto Olímpico de Jesus se julgava peça-chave, dessas que abrem qualquer porta. Macabéa simplesmente não era técnica, ela era só ela. Não, não quero ter sentimentalismo e portanto vou cortar o coitado implícito dessa moça. Mas tenho que anotar que Macabéa nunca recebera uma carta em sua vida e o telefone do escritório só chamava o chefe e Glória. Ela uma vez pediu a Olímpico que lhe telefonasse. Ele disse:
– Telefonar para ouvir as tuas bobagens? (p. 63).

Glória
A "coleguinha" de escritório de Macabéa. Filha de açougueiro, carioca da gema. Ela rouba-lhe o namorado, Olímpico de Jesus. Por culpa, tenta ajudar Macabéa e acaba por ser uma peça determinante do destino da nordestina, ao mandá-la para a cartomante.

Glória possuía no sangue um bom vinho português e também era amaneirada no bamboleio do caminhar por causa do sangue africano escondido. Apesar de branca, tinha em si a força da mulatice. Oxigenava em amarelo-ovo os cabelos crespos cujas raízes estavam sempre pretas. Mas mesmo oxigenada ela era loura, o que significava um degrau a mais para Olímpico. Além de ter uma grande vantagem que nordestino não podia desprezar. É que Glória lhe dissera, quando lhe fora apresentada por Macabéa: "sou carioca da gema!" Olímpico não entendeu o que significava "da gema", pois esta era uma gíria ainda do tempo de juventude do pai de Glória. O fato de ser carioca tornava-a pertencente ao ambicionado clã do sul do país. Vendo-a, ele logo adivinhou que, apesar de feia, Glória era bem alimentada. E isso fazia dela material de boa qualidade (pp. 76-77).

Pelos quadris adivinhava-se que seria boa parideira. Enquanto Macabéa lhe pareceu ter em si mesma o seu próprio fim (p. 77).

Depois de pintada ficou olhando no espelho a figura que por sua vez a olhava espantada. Pois em vez de batom parecia que grosso sangue lhe tivesse brotado dos lábios por um soco em plena boca, com quebra-dentes e rasga-carne (pequena explosão). Quando voltou para sala de trabalho

Glória riu-se dela:

– Você endoidou, criatura? Pintar-se como uma endemoniada? Você até parece mulher de soldado.

– Sou moça virgem! Não sou mulher de soldado e marinheiro.

– Me desculpe eu perguntar: ser feia dói?

– Nunca pensei nisso, acho que dói um pouquinho. Mas eu lhe pergunto se você que é feia sente dor.

– Eu não sou feia!!! – gritou Glória (pp. 79-80).

Em relação a Macabéa, Glória tinha um vago senso de maternidade. Quando Macabéa lhe parecia murcha demais, dizia:

– E esse ar é por causa de? (p. 81).

Glória se contrapõe à figura insossa de Macabéa. A colega de escritório carrega consigo todas as formosuras de uma mulher. Ela pertence ao clã do Sudeste do país, além de ser "bem alimentada" e "material de boa qualidade". Ainda que seja datilógrafa – mesma profissão de Macabéa – Glória não é nordestina, portanto pertence a outra "espécie de mulher". Se Olímpico fala a Macabéa que ela não serve nem para dar cria, Glória é justamente o contrário. Com seu molejo excessivo, a carioca representa a hipersexualização da mulher pronta para parir.

Quando Olímpico termina o namoro com Macabéa para ficar com Glória, ele considera a troca um grande progresso.

Por sua vez, Glória, para compensar a maldade de roubar o namorado da datilógrafa, convida-a para um lanche da tarde em sua casa no domingo: "Soprar depois de morder?" (p. 83).

Madama Carlota

Mais um signo de extrema importância na obra. Madama Carlota, ex-prostituta, agora cafetina, teve um romance com um homem que amou muito e de quem também muito apanhou. Largada, passou a amar mulheres. Conforme envelheceu, o corpo não dava mais para o gasto, os dentes se foram e virou cafetina, mas a casa dá trabalho e as moças só querem passá-la para trás. Diz-se amiga de Jesus, que lhe presenteou com algumas joias. Sua forma de sobrevivência tornou-se a exploração dos outros por meio da cartomancia. Às vezes recebe a visita da polícia, que lhe impede de pôr cartas. O lugar onde mora fica na esquina de um beco, ela serve para as clientes café frio e sem açúcar. Os sofás são forrados de uma matéria plástica. As flores no ambiente também são de plástico. Macabéa fica encantada com tanta riqueza. Na parede, há ainda um quadro em dourado e vermelho do Sagrado Coração de Jesus.

Para Macabéa não resta mais nada, perdeu o namorado e vai perder o emprego. Espera que Carlota lhe anuncie um futuro mais promissor? Carlota lhe dá exatamente isto: um futuro. A nordestina conhecerá um lindo homem de olhos azuis ou verdes ou castanhos ou pretos. Ele é muito rico. Macabéa ganhará corpo, aumentará a quantidade dos ralos cabelos que tem, desde que os lave com sabão Aristolino.

Madama Carlota era enxundiosa, pintava a boquinha rechonchuda com vermelho vivo e punha nas faces oleosas duas rodelas de ruge brilhoso. Parecia um bonecão de louça meio quebrado (p. 91).

– Não tenha medo de mim, sua coisinha engraçadinha. Porque quem está ao meu lado, está no mesmo instante ao lado de Jesus.
E apontou o quadro colorido onde havia exposto em vermelho e dourado o coração de Cristo.

– Eu sou fã de Jesus. Sou doidinha por Ele. Ele sempre me ajudou. Olha, quando eu era mais moça tinha bastante categoria para levar vida fácil de mulher. E era fácil mesmo, graças a Deus. Depois, quando eu já não valia muito no mercado, Jesus sem mais nem menos arranjou um jeito de eu fazer sociedade com uma coleguinha e abrimos uma casa de mulheres. Aí eu ganhei dinheiro e pude comprar este apartamentozinho térreo. Larguei a casa de mulheres porque era difícil tomar conta de tantas moças que só faziam era querer me roubar (p. 91).

– Olhe, eu era muito asseada e não pegava doença ruim. Só uma vez me caiu uma sífilis, mas a penicilina curou. Eu era mais tolerante do que as outras porque sou bondosa e afinal estava dando o que era meu. Eu tinha um homem de quem eu gostava de verdade e que eu sustentava porque ele era fino e não queria se gastar em trabalho nenhum. Ele era o meu luxo e eu até apanhava dele. Quando ele me dava uma surra eu via que ele gostava de mim, eu gostava de apanhar. Com ele era amor, com os outros eu trabalhava. Depois que ele desapareceu, eu, para não sofrer, me divertia amando mulher. O carinho de mulher é bom mesmo, eu até lhe aconselho porque você é delicada demais para suportar a brutalidade dos homens e se você conseguir uma mulher vai ver como é gostoso, entre mulheres o carinho é muito mais fino. Você tem chance de ter uma mulher? (p. 92-93).

A Má-dama (entendamos que isso atribui ao caráter de Carlota a ideia de fraude e de prostituição) trata Macabéa com ternura. O excesso de carinho é uma forma de ganhar a confiança de Macabéa, que nada percebe, porque a moça é pobre de carinho. Quando era criança beijava a parede por não ter alguém para beijar.

Macabéa concorda com Glória que a cartomante poderia mudar a sua vida. Fascinada, a nordestina se enche de esperanças e passa a acreditar que poderia ser uma pessoa como outra qualquer. Nada mais importa para ela, somente o futuro que está por vir.

O futuro de Macabéa nas cartas de Madama Carlota

Há uma forte referência a um famoso conto de Machado de Assis intitulado "A cartomante"[2]. Essa personagem é fundamental para o desfecho de Macabéa[3]. Por cinismo ou por compaixão, Madama Carlota prevê

---

2   O conto "A cartomante", de Machado de Assis, foi publicado pela primeira vez em 1884 na *Gazeta de Notícias* do Rio de Janeiro, e depois, em 1896, veio a compor o livro *Várias histórias*. O enredo gira em torno do triângulo amoroso entre Camilo, Rita e Vilela. Camilo e Vilela são amigos de infância. Rita, casada com Vilela, passa a ter um caso extraconjugal com Camilo. Depois de receber uma carta anônima, Camilo resolve se afastar do casal. Esse afastamento leva Rita a buscar uma cartomante que a reconforta. Ao saber da consulta, Camilo zomba de Rita, pois não acredita em nada. Ao receber um bilhete do amigo, Camilo desconfia de que ele saiba a verdade e pressente que uma tragédia está prestes a acontecer. Por um acaso, em função de uma confusão que para o trânsito, Camilo se vê à porta da cartomante, a quem acaba consultando e esta lhe diz que Vilela ignora a traição. Ao chegar à casa do amigo, Camilo descobre que Vilela assassinou Rita e morre com dois tiros de revólver.

3   A cartomante precisa ter credibilidade para que seja vista como portadora da verdade.

que a personagem encontrará o grande amor de sua vida, um estrangeiro, com quem se casará e será muito feliz. As cartas de Madama Carlota mudarão a essência da protagonista. Essa transformação é uma característica comum à obra de Clarice. É a epifania, a revelação que a tudo elucida e que gera uma tomada de consciência da condição de ser. A moça passa a ter um futuro esplendoroso e reconhece a miséria de sua vida. O que ela terá no futuro mostra o que ela não tem no presente. O futuro lhe desperta certa consciência da miséria e da infelicidade presentes.

Infelizmente, o estrangeiro, guiando uma Mercedes amarela, a atropela e a mata.

> Macabéa separou um monte com a mão trêmula: pela primeira vez ia ter um destino. Madama Carlota era um ponto alto na sua existência. Era o vórtice de sua vida e esta se afunilara toda para desembocar na grande dama cujo ruge brilhante dava-lhe à pele uma lisura de matéria plástica. A madama de repente arregalou os olhos.
> – Mas, Macabeazinha, que vida horrível a sua! Que meu amigo Jesus tenha dó de você, filhinha! Mas que horror! (p. 94).

E, de fato, a cartomante acerta tudo sobre o passado de Macabéa: o fato de ela desconhecer os pais e a criação pela tia malvada. Em relação ao presente, Carlota também adivinha a perda do emprego e do namorado. E num gesto de extrema caridade, diz que ela nem precisa pagar a consulta, o que Macabéa recusa, mas com o coração transbordando de gratidão por ato tão generoso com o qual não está acostumada.

E eis que (explosão) de repente aconteceu: o rosto da madama se acendeu todo iluminado:
– Macabéa! Tenho grandes notícias para lhe dar! Preste atenção, minha flor, porque é da maior importância o que vou lhe dizer. É coisa muito séria e muito alegre: sua vida vai mudar completamente! E digo mais: vai mudar a partir do momento em que você sair da minha casa! Você vai se sentir outra. Fique sabendo, minha florzinha, que até o seu namorado vai voltar e propor casamento, ele está arrependido! E seu chefe vai lhe avisar que pensou melhor e não vai mais lhe despedir (p. 95).

– E tem mais! Um dinheiro grande vai entrar pela porta adentro em horas da noite trazido por um homem estrangeiro. Você conhece algum estrangeiro?
– Não senhora – disse Macabéa já desanimando.
– Pois vai conhecer. Ele é alourado e tem olhos

azuis ou verdes ou castanhos ou pretos. E se não
fosse porque você gosta do seu ex-namorado, esse
gringo ia namorar você! (p. 95).

Com tantos acertos sobre o presente e o passado,
Macabéa espanta-se com as revelações sobre o futuro, pois percebe quanto a vida lhe é miserável. A nordestina, ao se deparar com esse lado obscuro do qual
não tinha ciência, tem vontade de chorar, principalmente pelo fato de que se julgava feliz até seu encontro com Madama Carlota.

Até para atravessar a rua ela já era outra pessoa.
Uma pessoa grávida de futuro. Sentia em si uma
esperança tão violenta como jamais sentira tamanho desespero. Se ela não era mais ela mesma, isso
significava uma perda que valia por um ganho. Assim como havia sentença de morte, a cartomante
lhe decretara sentença de vida. Tudo de repente era
muito e muito e tão amplo que ela sentiu vontade
de chorar. Mas não chorou: seus olhos faiscavam
como o sol que morria (p. 98).

Voltando à questão da epifania, em *A hora da estrela*, sua construção se dá a partir do momento em
que Macabéa sai da casa de Carlota. A nordestina
está sem rumo, mas está "grávida de futuro". Não

sabe se atravessa a rua ou não. As palavras da cartomante mexeram com ela profundamente, mudando-
-a, fazendo-a tomar consciência de si, "E mudada
por palavras – desde Moisés se sabe que a palavra é
divina. Até para atravessar a rua ela já era outra pessoa" (p. 98). Tão indecisa, Macabéa oscila entre o
passado mísero e o futuro.

Rodrigo S.M.

Conforme já mencionado, Rodrigo S.M. é pseudoautor
da obra e também personagem da história. Sobre suas
angústias, dúvidas e a maneira como conduz a narrativa,
já foi falado no tópico acerca do foco narrativo.

Entretanto, cabe ressaltar também que a real intenção na escolha de um narrador masculino é ambí-
gua. Ora Rodrigo S.M. constrói sua protagonista com
cinismo e ironia, ora sofre por ela. A linguagem brutal
que ele emprega para referir-se a ela é, de certa maneira, uma crítica à romantização do subalterno. Pensando numa perspectiva mais foucaultiana, essa
romantização condiciona corpos à dominação sem
imposição, apenas disciplinando-os. E Clarice, por
meio de Rodrigo, subverte a imposição dessa ordem.
Infelizmente, quando é dada à nordestina a chance de
ser, ela é atropelada por uma Mercedes e morre.

Outro ponto de destaque no discurso do narrador
de *A hora da estrela* é que nele se instaurou o *mise-en-*

-abyme, ou seja, a estrutura com textos dentro do texto. Definida pelo estruturalismo francês na década de 1970, a técnica também é chamada de espelho refletido. É instaurada a imagem do espelho, que nos permite enxergar narrativas dentro de narrativas. É por meio desse espelho que se revela aquilo que é excluído de nossa visão. O invisível torna-se visível e o leitor pode acompanhar todo o processo metatextual.

A narrativa de Rodrigo S.M. se desdobra em planos diferentes: Rodrigo narra a Macabéa e a si mesmo, instaurando assim *o mise-en-abyme*. Rodrigo é o narrador e se espelha em Macabéa. Ambos são nordestinos, ela é de Alagoas e ele, do Recife. Eles também partilham o fato de pertencerem a uma marginalidade social.

> [...] Sim, não tenho classe social, marginalizado que sou. A classe alta me tem como monstro esquisito, a média com desconfiança de que eu possa desequilibrá-la, a classe baixa nunca vem a mim (p. 33).

> Ela nascera com maus antecedentes e agora parecia uma filha de um não-sei-o-quê com ar de se desculpar por ocupar espaço (p. 42).

Macabéa está fadada à vida miserável, sua condição é herdada. Já Rodrigo S.M., como escritor que é, não se encaixa em nenhum segmento. A classe burguesa o julga perigoso por denunciar suas mazelas morais, políticas e principalmente sociais; a classe média o teme e a classe baixa não tem acesso à literatura, nem sequer o conhece. Talvez Rodrigo esteja até mais à margem do que Macabéa. Sendo assim, o espelho narrativo é multifacetado, pois se desdobra em enunciados e motes. E a imagem do espelho estará sempre relacionada à busca do autoconhecimento.

> Pareço conhecer nos menores detalhes essa nordestina, pois eu vivo com ela. E como muito adivinhe a seu respeito, ela se me grudou na pele qual melado pegajoso ou lama negra [...] Pois a datilógrafa não quer sair dos meus ombros (p. 36).

Dessa forma, Macabéa é a imagem de Rodrigo refletida, ela é parte dele.

Rodrigo se alterna em seu espelho multifacetado, narrando um texto dentro de outro. Sua primeira faceta é como o narrador às voltas com seu texto narrativo, com a linguagem e com a metalinguagem.

> Como eu irei dizer agora, esta história será o resultado de uma visão gradual – há dois anos e meio venho aos poucos descobrindo os porquês [...]

> Só não inicio pelo fim que justificaria o começo –
> como a morte parece dizer sobre a vida – porque
> preciso registrar os fatos antecedentes [...] (p. 26).

Sua segunda posição é de narrador da história da nordestina, embora essa narração seja interrompida por suas digressões.

> [...] A história – determino com falso livre-arbítrio
> – vai ter uns sete personagens e eu sou um dos mais
> importantes deles, é claro. Eu, Rodrigo S.M. Relato
> antigo, este, pois não quero ser moderno e inventar
> modismos à guisa de originalidade (p. 26-27).

E, finalmente, sua última posição se dá quando ele passa a palavra para seus personagens, ocorrendo aí o discurso direto.

Raimundo Silveira

É o chefe da firma onde trabalha Macabéa. Sua importância é secundária. A passagem de maior destaque desse personagem ocorre quando resolve demiti-la, cansado do péssimo trabalho dela, com textos datilografados repletos de erros de ortografia e marcas de gordura. A reação da nordestina de se desculpar pelo aborrecimento causado desarma Raimundo, que decide mantê-la por mais um tempo.

Maria da Penha, Maria Aparecida, Maria José e Maria

São as companheiras de quarto, todas funcionárias das Lojas Americanas. Uma delas vende pó-de-arroz da Coty. As moças consideram Macabéa muito estranha. Também não sabem como falar a Macabéa que seu cheiro é murrinhento, pois têm medo de ofendê-la.

Ao me deparar com tantas Marias, remeto-nos a novamente à seguinte passagem: "Há milhares como ela? Sim, e que são apenas um acaso. Pensando bem: quem não é um acaso na vida?" (p. 52). E se as moças também fossem um acaso? São todas da mesma classe social que Macabéa, mas as considero ainda menos individualizadas que a nordestina. Ao batizar as quatro moças como Maria, a autora faz uso de nome extremamente popular no Brasil. Elas podem representar todas as mulheres que nasceram de um acaso, que são subalternizadas numa sociedade capitalista. Com isso, Clarice as batiza com a impessoalidade.

A tia

Uma beata que criou Macabéa depois da morte da mãe da menina, quando esta tinha apenas 2 anos. Mulher religiosa e moralista, acredita muito em superstições e tabus, o que ela passou para a sobrinha. Tem certo prazer mórbido em dar cascudos na cabeça de Macabéa para puni-la, na maioria das vezes sem motivo. A mulher nunca se casou por nojo. Privava também a sobrinha de comer goiabada com queijo, a única paixão da menina. Era uma forma de castigá-la por ter feito algo errado e também por não ter feito nada, "nem tudo se precisava saber e não saber fazia parte importante de sua vida" (p. 44).

Se por um lado a figura opressora da tia é ressaltada, há de se compreender também que uma responsabilidade lhe foi imposta pelo destino. Essa ambiguidade não pode passar despercebida aos olhos do leitor, uma vez que o modo como foi criada – com moralismo, religião e opressão – marca a identidade de Macabéa. Certamente a tia lhe passou todos os valores e crenças em que acreditava, numa tentativa de impedir que a sobrinha tomasse um caminho errado na vida.

> Quando dormia quase que sonhava que a tia lhe batia na cabeça. Ou sonhava estranhamente em sexo, ela que de aparência era assexuada. Quando acordava se sentia culpada sem saber por quê, talvez porque o bom da vida devia ser proibido. Culpada e contente. Por via das dúvidas se sentia de propósito culpada e rezava mecanicamente três ave-marias, amém, amém, amém (LISPECTOR, 1993, p. 50).

A passagem citada aqui é a prova do quanto a criação repressora ainda ecoa na Macabéa adulta, embora se constate claramente que a nordestina distingue que o proibido, aquilo que nem sempre é preciso saber, é bom e prazeroso. Mesmo assim ela se impõe uma culpa e reza, sem fé e sem um real arrependimento.

O médico

A passagem do médico pelo texto é breve, porém marcante, pois revela ao leitor uma severa crítica sobre o atendimento profissional aos mais pobres. Indicado por Glória e procurado por Macabéa após o recebimento do primeiro salário desta, o personagem apresenta descaso e falta de comprometimento com a profissão.

> Esse médico não tinha objetivo nenhum. A medicina era apenas para ganhar dinheiro e nunca amor à profissão nem a doentes. Era desatento e achava a pobreza uma coisa feia. Trabalhava para os pobres detestando lidar com eles. Eles eram para ele o rebotalho de uma sociedade muito alta à qual ele também não pertencia. Sabia que estava desatualizado na medicina e nas novidades clínicas, mas para pobre servia. O seu sonho era ter dinheiro para fazer exatamente o que queria: nada (p. 85).

O que Clarice, de fato, aqui sugere é a mercadorização da medicina no Brasil. O médico se mostra extremamente preconceituoso e ambicioso no que diz respeito à valorização do dinheiro. Mais uma vez uma autora engajada denunciando o lado obscuro do ser humano numa sociedade técnica.

Macabéa descobre que tem tuberculose, mas não faz ideia da gravidade da doença. Sente-se bem somente por ter ido ao consultório médico e, por isso, acha desnecessário comprar o remédio receitado.

Hans

O motorista alourado e estrangeiro que conduz a Mercedes-Benz. Ao atropelar Macabéa, realiza as previsões de Madama Carlota.

A imagem do jovem loiro, príncipe lindo e estrangeiro, tem o peso de um significado histórico. É o imperialista, colonizador, o capital estrangeiro que enfim transformará a moça em estrela? Mas, se pensarmos na origem alemã da Mercedes e na origem judia da escritora, a morte de Macabéa poderia simbolicamente ter sido construída por Clarice para representar o rolo compressor do preconceito racista e da discriminação sobre o corpo franzino da desvalida?

TEMPO

Há pouquíssimas indicações de tempo cronológico ao longo da narrativa. Rodrigo S.M. apenas diz que a história acontece no mesmo ano em que foi escrita, portanto Macabéa é uma jovem de 19 anos e encontra seu namorado, Olímpico de Jesus, no dia 7 de maio, quando mente ao falar para o chefe que arrancaria um dente e falta ao trabalho.

Há também um momento na narrativa em que Rodrigo afirma que ficará alguns dias sem escrever.

> Quanto a mim, estou cansado. Talvez da companhia de Macabéa, Glória, Olímpico. O médico me enjoou com sua cerveja. Tenho que interromper esta história por uns três dias (p. 88).

Ao final, diz que "é tempo de morangos" (embora isso seja muito mais uma metáfora do que uma referência temporal).

O narrador usa, de forma predominante, o tempo psicológico. Principalmente para contar a história de Macabéa, personagem que sabemos viver em estado de alheamento, de inconsciência da realidade, no "limbo impessoal, sem alcançar o pior nem o melhor" (p. 38). Para ela, todos os dias são iguais, todas as horas são as mesmas.

Na verdade saía do escritório sombrio, defrontava o ar lá de fora, crepuscular, e constatava então que todos os dias à mesma hora fazia exatamente a mesma hora. Irremediável era o grande relógio que funcionava no tempo. Sim, desesperadamente para mim as mesmas horas (p. 57).

Macabéa é uma mulher extremamente solitária e, nesses momentos de intensa solidão, a passagem de tempo é marcada pela Rádio Relógio, que ela ouve com constância:

Todas as madrugadas ligavam o rádio emprestado por uma colega de moradia, Maria da Penha, ligava bem baixinho para não acordar as outras, ligava invariavelmente para a Rádio Relógio, que dava "hora certa e cultura", e nenhuma música, só pingava em som de gotas que caem – cada gota de minuto que passava. E sobretudo esse canal de rádio aproveitava intervalos entre as tais gotas de minuto para dar anúncios comerciais – ela adorava anúncios. Era rádio perfeita pois também entre os pingos do tempo dava curtos ensinamentos dos quais talvez algum dia viesse precisar saber (p. 53).

O tempo é sem importância, pois ela apresenta incapacidade de abstração e de memória. Sua memória é tão fragmentada quanto a própria narrativa. Rodrigo S.M. diz que tanto ele como ela vivem um "eterno presente":

> Quero acrescentar, à guisa de informações sobre a jovem e sobre mim, que vivemos exclusivamente o presente pois sempre e eternamente é o dia de hoje e o dia de amanhã será um hoje, a eternidade é o estado das coisas neste momento (p. 32-33).

Sabe-se que o presente de Macabéa é miserável e "eterno", por isso nós, leitores, não devemos esperar grandes mudanças. Entretanto, o narrador sempre sugere a possibilidade de um futuro melhor:

> Em todo caso o futuro parecia vir a ser muito melhor. Pelo menos o futuro tinha a vantagem de não ser o presente, sempre há um melhor para o ruim (p. 55).

> (O que é que há? Pois estou ouvindo acordes de piano alegre – será isto o símbolo de que a vida da moça iria ter um futuro esplendoroso? Estou contente com essa possibilidade e farei tudo para que esta se torne real.) (p. 45)

A morte de Macabéa é sempre sugerida ao longo da narrativa. Talvez essa insistência no "eterno presente" seja uma forma de protelar o futuro, que trará o fim da nordestina e da existência fictícia do narrador. Entretanto, é inevitável a chegada do futuro e, com ele, a morte, enfrentada de maneira paradoxal e misteriosa por Macabéa:

> Ficou inerme no canto da rua, talvez descansando das emoções, e viu entre as pedras do esgoto o ralo capim de um verde da mais tenra esperança humana. Hoje, pensou ela, hoje é o primeiro dia da minha vida: nasci (p. 99).
>
> Aí Macabéa disse uma frase que nenhum dos transeuntes entendeu. Disse bem pronunciado e claro:
> – Quanto ao futuro.
> Terá tido ela saudade do futuro? (p. 104).

Outro aspecto que cabe abordar em relação ao tempo da obra é o fato de que ele se constrói horizontalmente (na história que se conta cronologicamente e que vai sendo fragmentada na desconstrução da estrutura narrativa) e verticalmente (na valorização de instantes). Este último está muito próximo da concepção de Gaston Bachelard, o tempo dado como imediato da consciência, fluxo marcado por descontinuidades. Essa filosofia do instante ocorre no texto quando se foca o cotidiano de Macabéa, suas idas à Zona Sul para olhar vitrines e ir ao cinema, o sonho de ser Marilyn Monroe, as imagens refletidas no espelho, o sonho de ter um poço somente para ela, a morte (inclusive o próprio narrador diz que morrer é um instante). Ao evidenciar o instante, o narrador evidencia o presente de Macabéa, até porque do passado ela tem vaga memória e futuro ela não tem, pois morrerá atropelada em um instante.

ESPAÇO

Primeiramente é interessante observar que, embora Macabéa seja nordestina, procedente do sertão de Alagoas, o espaço da narrativa não é o interior semiárido de um dos estados. Temos, na verdade, o migrante nordestino inserido em um ambiente urbano, no qual sua capacidade de sobrevivência é nula. Isso, de certa forma, difere-o do romance de 30. O tema da miserável vida nordestina, do sertanejo como vítima de um sistema socioeconômico injusto e perverso, da marginalização, do analfabetismo, povoou as páginas dos romances regionalistas do Segundo Tempo Modernista. Embora Clarice retome um pouco dessa temática, seu foco é outro, pois sua técnica narrativa questionadora leva-a a apresentar a oposição vivida pelos escritores que tomam a miséria nordestina como matéria do trabalho literário.

(Se o leitor possui alguma riqueza e vida bem acomodada, sairá de si para ver como é às vezes o outro. Se é pobre não estará me lendo porque ler-me é supérfluo para quem tem uma leve fome permanente. Faço aqui o papel de vossa válvula de escape e da vida massacrante da classe média burguesa. Bem sei que é assustador sair de si mesmo, mas tudo o que é novo assusta.) (p. 46).

Na cidade grande, Macabéa circula por espaços miseráveis. Ela vem do ambiente da seca para os paupérrimos subúrbios cariocas sem nem mesmo saber por quê. Mora num quarto sujo na Rua do Acre com outras quatro moças.

Limito-me a humildemente – mas sem fazer estardalhaço de minha humildade que já não seria humildade – limito-me a contar as fracas aventuras de uma moça numa cidade toda feita contra ela. Ela que deveria ter ficado no sertão de Alagoas com vestido de chita e sem nenhuma datilografia, já que escrevia tão mal, só tinha até o terceiro ano primário (p. 29).

Depois – ignora-se por quê – tinham vindo para o Rio, o inacreditável Rio de Janeiro, a tia lhe arranjara emprego, finalmente morrera e ela, agora sozinha, morava numa vaga de quarto compartilhado com mais quatro moças balconistas das Lojas Americanas (p. 45).

O quarto ficava num velho sobrado colonial da áspera rua do Acre entre as prostitutas que serviam a marinheiros, depósitos de carvão e cimento em pó, não longe do cais do porto. O cais imundo dava-lhe saudade do futuro (p. 45).

A imagem sonora do "doloroso cantar de galo" acompanha e acentua a melancolia dos lugares infelizes do presente em oposição ao passado:

Uma vez por outra tinha a sorte de ouvir de madrugada um galo cantar a vida e ela se lembrava nostálgica do sertão (p. 46).

Macabéa é migrante, é alguém desterritorializado, fadada a uma vida marcada pela miséria, pelo subemprego, pela fome. Macabéa está sempre cercada de pessoas, mas é, muitas vezes, invisível para todas elas:

A pessoa de quem vou falar é tão tola que às vezes sorri para os outros na rua. Ninguém lhe responde ao sorriso porque nem ao menos a olham (p. 30).

Depois de mentir para o chefe dizendo que arrancaria um dente e precisaria faltar ao trabalho, Macabéa aproveita a liberdade de um quarto só para ela. Quando as colegas de quarto saem para trabalhar, ela coloca uma música alta, dança, toma café e até mesmo se dá ao luxo de se entediar:

> Então, no dia seguinte, quando as quatro Marias cansadas foram trabalhar, ela teve pela primeira vez na vida uma coisa a mais preciosa: a solidão. Tinha um quarto só para ela. Mal acreditava que usufruía o espaço. E nem uma palavra era ouvida. Então dançou num ato de absoluta coragem, pois a tia não a entenderia. Dançava e rodopiava porque ao estar sozinha se tornava: l-i-v-r-e! [...] Acho que nunca fui tão contente na vida, pensou. Não devia nada a ninguém e ninguém lhe devia nada. Até deu-se ao luxo de ter tédio – um tédio até muito distinto (p. 57-58).

Outro espaço que merece destaque é o apartamento de Madama Carlota, principalmente pelo efeito que produz em Macabéa.

> O apartamento térreo ficava na esquina de um beco e entre as pedras do chão crescia capim – ela o notou porque sempre notava o que era pequeno e insignificante (p. 90).

Enquanto isso olhava com admiração e respeito a sala onde estava. Lá tudo era de luxo. Matéria plástica amarela nas poltronas e sofás. E até flores de plástico. Plástico era o máximo. Estava boquiaberta (p. 90).

Macabéa acha tudo do apartamento de Madama Carlota um verdadeiro luxo.

Na verdade, todo o espaço em que Macabéa se insere representa a sociedade do capitalismo. Ela vive numa sociedade técnica, da qual é um parafuso dispensável. A obra pontua um caráter urbano, que serve de cenário para a história que Rodrigo vai contar: "limito-me a contar as fracas aventuras de uma moça numa cidade feita contra ela" (p. 29).

De fato, a cidade grande é toda contra Macabéa. Nela, a nordestina se arrasta sem rumo, sem projeto de vida, sem nada.

Cabe também ressaltar que, embora as histórias de Clarice de forma geral sejam ambientadas internamente, *A hora da estrela* se passa basicamente em um ambiente externo e urbano. Macabéa está na rua, embora Rodrigo esteja isolado no seu exercício narrativo.

A nordestina transita por vários lugares da cidade "construída contra ela".

> Rua do Acre para morar, rua do Lavradio para trabalhar, cais do porto para ir no domingo, um ou outro prolongado apito de navio cargueiro que não se sabe por que dava aperto no coração, um ou outro delicioso embora um pouco doloroso cantar de galo. Era do nunca que vinha o galo. Vinha do infinito até a sua cama, dando-lhe gratidão. Sono superficial porque estava há quase um ano resfriada (p. 46-47).

Esse parágrafo cita vários lugares pelos quais Macabéa transita. Na narrativa, há também referências a esquinas. Rodrigo S.M. fala de um violinista permanentemente na esquina a tocar seu instrumento; a casa de Madama Carlota fica em uma esquina. A moça e o namorado se encontram pela primeira vez numa praça, passeiam no zoológico, tomam café em um bar, vão a um açougue. Ela também vai ao cinema e às vezes passeia na Zona Sul a olhar vitrines. Observa-se que a andança pela cidade – ambiente externo – faz parte da rotina de Macabéa.

> Saiu da casa da cartomante aos tropeços e parou no beco escurecido pelo crepúsculo – crepúsculo que é hora de ninguém. Mas ela de olhos ofuscados como se o último final da tarde fosse mancha de sangue e ouro quase negro. […] Tudo de repente era

> muito e muito e tão amplo que ela sentiu vontade
> de chorar. Mas não chorou: seus olhos faiscavam
> como o sol que morria (p. 98).

Contudo, de todos os lugares por onde transitou quero destacar o beco onde se dá a sua morte. Se a morte da nordestina já foi anunciada desde o início, o beco é a metáfora perfeita, pois é rua sem saída, tal qual a morte, não há como escapar. Macabéa teve sua tragédia anunciada no começo e concretizada no fim – o *grand finale*. Para coroar a cena, o crepúsculo também anuncia o fim do dia, da jornada, a morte.

6

ENREDO E O ESTILO LISPECTORIANO

A linguagem problematizadora

A ficção clariceana marcou profundamente a nossa literatura. A mistura dos gêneros narrativo e lírico, o existencialismo e as inovações da linguagem nos remetem a uma viagem vertiginosa pelos campos da subjetividade.

A linguagem fundamenta-se num processo de descoberta de universos interiores, revertendo a sintaxe, fugindo das mesmices e de todas as convenções da língua. A começar por abolir a pontuação convencional. Além disso, o uso de redundâncias, metáforas insólitas, comparações estranhas e a metalinguagem marcam seu estilo.

Uma das maiores contribuições de Clarice Lispector para a literatura brasileira é o seu estilo narrativo totalmente fragmentado. Modifica elementos da narrativa tradicional, despreza a linearidade do enredo, problematiza o personagem e a linguagem e fragmenta o tempo. Se organizada didaticamente a obra, encontramos várias histórias que se entrelaçam.

De um lado, Rodrigo S.M., um narrador às voltas com suas dúvidas e com as dificuldades do ato de narrar. Bem à maneira de Machado de Assis, ele escreve e comenta o próprio texto, utilizando-se da função metalinguística, ironizando o próprio estilo e a construção da narrativa. O que, de certa forma, caracteriza o experimentalismo, voltado para uma sondagem da própria linguagem e das estruturas ficcionais.

Do outro lado, a história de Macabéa, moça reduzida ao apelido de Maca, criada por uma tia beata e repleta de repressões culturais. Acumula no seu corpinho franzino a "herança do sertão". Alienada de si e do mundo em que vive, mudou-se de Alagoas para o Rio de Janeiro, onde passa a viver com mais quatro moças. Trabalha numa firma como datilógrafa. Seu namorado, Olímpico de Jesus, é cruel e a menospreza. Acaba trocando-a por Glória, coleguinha de escritório de Macabéa, que procura consolo nas cartas de Madama Carlota, a qual lhe reforça a esperança no futuro. É atropelada por um Mercedes-Benz, justamente quando esperava ser feliz. Com sua morte, vemos também o fim do narrador.

Nenhuma dessas histórias é narrada de forma linear. Até mesmo a história de vida rala de Macabéa rompe com a convencional sucessão de fatos. Os personagens e suas descrições são colocados esparsamente ao longo da narrativa. Tudo é fragmentado, não há parágrafos consecutivos. Outro bom exemplo disso é o nome da protagonista, que só aparece no meio da obra, depois das cinquenta páginas iniciais, mais que a metade da história, numa conversa entre os namorados Macabéa e Olímpico. Numa narrativa convencional, tal informação, de extrema importância, apareceria nos parágrafos iniciais. Assim acontece em *Iracema*, de José de Alencar, *Dom Casmurro*, de Machado de Assis, e até mesmo no polêmico *Macunaíma*, de Mário de Andrade. Inevitavelmente, a ruptura com o enredo factual aproxima Clarice de ficcionistas de vanguarda como William Faulkner, James Joyce e, principalmente, Virginia Woolf.

Desde o início da história e por meio de considerações metalinguísticas, Rodrigo S.M. deixa claro que sua ambição é a adequação da forma ao conteúdo literário. Para contar uma história simples, de uma moça simples, é preciso também uma linguagem simples, mas ele acaba sendo complexo e extremamente criativo. Observe-se a passagem:

> Pretendo, como já insinuei, escrever de modo cada vez mais simples. Aliás, o material de que disponho é parco e singelo demais, as informações sobre os personagens são poucas e não muito elucidativas, informações essas que penosamente me vêm de mim para mim mesmo, é trabalho de carpintaria.

Sim, mas não esquecer que para escrever não-importa-o-quê o meu material básico é a palavra. Assim é que esta história será feita de palavras que se agrupam em frases e destas se evola um sentido secreto que ultrapassa palavras e frases. É claro que, como todo escritor, tenho a tentação de usar termos suculentos: conheço adjetivos esplendorosos, carnudos substantivos e verbos tão esguios que atravessam agudos o ar em vias de ação, já que palavra é ação, concordais? Mas não vou enfeitar a palavra, pois se eu tocar no pão da moça esse pão se tornará em ouro – e a jovem (ela tem dezenove anos) e a jovem poderia mordê-lo, morrendo de fome. Tenho então que falar simples para captar a sua delicada e vaga existência (p. 28).

Será que eu enriqueceria este relato se usasse alguns difíceis termos técnicos? Mas aí é que está: esta história não tem nenhuma técnica, nem estilo, ela é ao deus-dará. Eu que também não mancharia por nada deste mundo com palavras brilhantes e falsas uma vida parca como a da datilógrafa (p. 52).

Sendo um texto lispectoriano, o leitor não se deve deixar iludir, pois a linguagem em questão é problematizadora. Em "[…] esta história será feita de palavras que se agrupam em frases e destas se evola um sentido secreto que ultrapassa palavras e frases" (p. 28-29), percebemos que a simplicidade da forma adequada ao conteúdo é acima de tudo aparente. O ato de narrar é trabalhoso e requer uma linguagem trabalhosa.

> Que ninguém se engane, só consigo a simplicidade através de muito trabalho (p. 25).

> Não, não é fácil escrever. É duro como quebrar rochas. Mas voam faíscas e lascas como aços espalhados (p. 33).

> Sem falar que a história me desespera por ser simples demais. O que me proponho contar parece fácil e à mão de todos. Mas a sua elaboração é muito difícil. Pois tenho que tornar nítido o que está quase apagado e que mal vejo. Com mãos de dedos duros, enlameados, apalpar o invisível na própria lama (p. 33).

> O que se segue é apenas uma tentativa de reproduzir três páginas que escrevi e que a minha cozinheira, vendo-as soltas, jogou no lixo para meu desespero – que os mortos me ajudem a suportar o quase insuportável, já que de nada valem os vivos. Nem de longe consegui igualar a tentativa de

repetição artificial do que originalmente eu escrevi sobre o encontro com o seu futuro namorado. É com humildade que contarei agora a história da história. Portanto se me perguntarem como foi direi: não sei, perdi o encontro (p. 58).

Na verdade, o esforço em busca da simplicidade da linguagem contradiz-se em construções de inigualável lirismo, mesmo que tais construções partam de lugares comuns, ou ironias, ou de registros baixos da língua. É nesses momentos que reconhecemos a maestria de Clarice com as palavras:

Maio, mês das borboletas noivas flutuando em brancos véus (p. 59).

O rapaz e ela se olharam por entre a chuva e se reconheceram como dois nordestinos, bichos da mesma espécie que se farejam. Ele a olhara enxugando o rosto molhado com as mãos. E a moça, bastou-lhe vê-lo para torná-lo imediatamente sua goiabada-com-queijo (p. 59).

A ironia é um dos recursos que Clarice utiliza sem piedade, para impossibilitar o leitor de romantizar a história de Macabéa. No entanto, seu texto também traz construções metafóricas que, nas palavras de

Antonio Candido, "são de levar a nossa língua canhestra a domínios pouco explorados, forçando-a a adaptar-se a um pensamento cheio de mistério [...]" (CANDIDO, 1985).

Outra marca do estilo de Clarice Lispector é o discurso indireto livre. Sem sinais de pontuação ou verbos *dicendi* para separar a fala do narrador da fala do personagem, esse tipo de discurso torna o texto mais dinâmico, obrigando o leitor a apreender pelo contexto o ponto em que termina a fala do narrador e começa a do personagem. Geralmente, a fala do personagem é expressa por meio de um monólogo interior. Esse processo nos permite captar o que este pensa ao longo da narrativa. Quando as ideias do personagem são expostas de forma mais radical e direta, temos o que se chama fluxo de consciência. O narrador liberta seu pensamento, deixando-o fluir livremente e alcançando o inconsciente. Essa impulsividade, essa não contenção faz com que os personagens se desenvolvam e evoluam.

> Pela aliança viu que ele era casado. Como casar com-com-com um ser que era para-para-para ser visto, gaguejava ela no seu pensamento. Morreria de vergonha de comer na frente dele porque ele era bonito além do possível equilíbrio de uma pessoa (p. 57).

O fluxo de consciência não permite que se definam os limites entre a voz do narrador e a dos personagens, de modo que as lembranças, desejos, pensamentos se fundem desarticulada e desconexamente.

A gagueira expressa e explica como Macabéa pensa. Clarice funde, nesse fragmento, o discurso indireto livre a uma linguagem desordenada, desestruturada do ponto de vista lógico-linguístico.

Somadas a essa técnica, ainda encontramos as diversas metáforas insólitas que estão no texto, buscando expressar a complexidade da psique humana. Tais metáforas são incomuns, geralmente de sentido mais impreciso e poético. Uma imagem metafórica interessantíssima é a que temos a seguir:

> Ela era subterrânea e nunca tinha tido floração. Minto: ela era capim (p. 46).

A imagem da flor – símbolo da beleza e fragilidade – sempre foi associada na literatura à mulher, e não seria usada de forma diferente por Clarice. Porém, percebemos que a personagem Macabéa nunca chega à condição de flor, é apenas capim, uma vegetação vagabunda, mas resistente.

> Macabéa sentou-se um pouco assustada porque faltavam-lhe antecedentes de tanto carinho. E bebeu,

> com cuidado pela própria frágil vida, o café frio
> e quase sem açúcar. Enquanto isso olhava com
> admiração e respeito a sala onde estava. Lá tudo
> era de luxo. Matéria plástica amarela nas poltro-
> nas e sofás. E até flores de plástico. Plástico era o
> máximo. Estava boquiaberta (p. 90).

A imagem do apartamento cheio de flores de plástico, portanto artificiais, é também uma metáfora do futuro. O futuro cheio de alegrias, prometido a ela por Madama Carlota, é anunciado como falso.

Outra metáfora, constante na obra de Clarice, é a náusea. Essa imagem é reveladora em *A náusea*, de Jean-Paul Sartre: "E subitamente, em um instante, o véu se rasga; eu compreendi, eu vi" (SARTRE *apud* BORNHEIM, 2003, p. 16-17). A revelação de sua miserável vida conduz a personagem a uma atitude de desprezo pelo mundo que a cerca e impede seu crescimento interior. Segundo Benedito Nunes, a náusea é uma forma de demonstrar a repugnância pelo mundo e atravanca uma vida condizente com a situação humana. Sendo assim, a náusea não é uma reação do corpo, mas sim da alma.

> Terá tido ela saudade do futuro? Ouço a música
> antiga de palavras e palavras, sim, é assim.
> Nesta hora exata, Macabéa sente um fundo enjoo
> de estômago e quase vomitou, queria vomitar que

não é corpo, vomitar algo luminoso. Estrela de mil pontas (p. 104).

Curioso é que a própria Clarice, em depoimento gravado no dia 20 de outubro de 1976, na sede do Museu da Imagem e do Som do Rio de Janeiro, alega que não teve influência de existencialistas.

AFFONSO ROMANO DE SANTANNA: [...] faz leituras ou teve influência dos existencialistas?
CLARICE LISPECTOR: Não. Nenhuma. Minha náusea inclusive é diferente da náusea de Sartre. Minha náusea é sentida mesmo, porque quando eu era pequena não suportava leite, e quase vomitava quando tinha que beber. Pingavam limão na minha boca. Quer dizer, eu sei o que é a náusea no corpo todo, na alma toda. Não é sartriana.
AFFONSO ROMANO DE SANTANNA: Não quer dizer que você não tenha lido Sartre.
CLARICE LISPECTOR: Eu só li Sartre, só ouvi falar de Sartre na época de *O lustre*, em Belém do Pará (LISPECTOR, 2019, p. 155-156).

Ler Clarice é de certa forma mergulhar numa cartilha de educação sentimental. Toda a realidade externa é captada pelo mundo interior dos personagens (em uma técnica chamada de sondagem psicológica).

Daí sua aproximação com o existencialismo, que distancia o eu do cotidiano e lhe dá um novo sentido de realidade. Assim como James Joyce, Clarice une o existencial ao social.

A fragmentação do enredo permite que cada pensamento seja um drama, sem começo e sem fim. Essa exaltação do momento interior leva o próprio eu a entrar em crise e a buscar um novo equilíbrio, o qual se dá por meio da epifania. É um estado de sublimação ao descobrir-se a existência.

O momento epifânico, na obra de Clarice, acontece na tomada de consciência sobre o mundo. É um momento de revelação, um momento em que a verdade é desvendada à personagem. Segundo Sant'Anna (1977), os romances e contos de Clarice percorrem quatro etapas: 1ª) a personagem é disposta em determinada situação cotidiana; 2ª) prepara-se um evento que é pressentido discretamente; 3ª) ocorre o evento que lhe ilumina a vida; e 4ª) sucede o desfecho, em que se considera a situação da vida da personagem, após o evento.

Campedelli e Abdala Jr. escrevem sobre a epifania:

> As personagens de Clarice Lispector são construídas através de traços que caracterizam atitudes filosófico-existenciais. Têm consistência em termos desses valores e, por isso, são muito semelhantes

algumas personagens que criou e as situações típicas que têm de enfrentar em cada narrativa. [...] O espaço literário que a ficção de Clarice Lispector procura construir pressupõe a aventura que em termos de conhecimento ocorre na contínua (des) aprendizagem. E esta só será possível desestereotipando o conhecimento, de forma sistemática, no corpo a corpo com a vida. E o principal agente desse processo deve ser o próprio indivíduo (CAMPEDELLI; ABDALA JR., 1981, p. 98).

Em *A hora da estrela*, a epifania acontece desde o momento da saída da cartomante até o instante da morte de Macabéa. Em sua morte, Macabéa vê e é vista. Depois da consulta à cartomante, a protagonista toma consciência de quão miserável é sua vida e cria expectativas para o futuro. As expressões "mão trêmula", "Madama era um ponto alto na sua existência. Era o vórtice de sua vida", "assustada", "boquiaberta", "com o coração grato", "ouvia a madama como se ouvisse uma trombeta vinda dos céus", "forte taquicardia", "seus olhos estavam arregalados por uma súbita voracidade de futuro", "tremelicar toda por causa do lado penoso que há na excessiva felicidade", "estava meio bêbada" e "sentia-se tão desorientada" mostram a desorientação de Macabéa no momento da epifania.

Segundo Olga de Sá, o momento epifânico

> É um instante existencial, em que as personagens clariceanas jogam seus destinos, evidenciando-se por uma súbita revelação interior que dura um segundo fugaz como a iluminação instantânea de um farol nas trevas e que, por isso mesmo, recusa-se a ser apreendida pela palavra. Esse momento privilegiado não precisa ser excepcional ou chocante; basta que seja revelador, definitivo, determinante (Sá, 1993).

Se antes da cartomante nem ela nem ninguém a viam, ao sair da consulta das cartas no apartamento térreo e ao ser atropelada, Macabéa vê a si mesma e é vista por todos. Seu corpo estirado no chão chama a atenção e pessoas curiosas amontoam-se ao seu redor. Pela primeira vez é observada pela multidão.

> A pessoa de quem vou falar é tão tola que às vezes sorri para os outros na rua. Ninguém lhe responde ao sorriso porque nem ao menos a olham (p. 30).

> Algumas pessoas brotaram no beco não se sabe de onde e haviam se agrupado em torno de Macabéa sem nada fazer assim como antes pessoas nada haviam feito por ela, só que agora pelo menos a espiavam, o que lhe dava uma existência (p. 100).

> Enquanto isso, Macabéa no chão parecia se tornar cada vez mais uma Macabéa, como se chegasse a si mesma (p. 101).

O momento epifânico jamais é de vontade própria do personagem ou dominado pela razão. Na verdade, é um acontecimento que o pega de surpresa, arrebata-o, dilacera-o e origina a ruptura com valores e questionamentos existenciais vigentes até agora em sua vida.

Há também, ao longo da narrativa, comparações entre homens e bichos. Macabéa está muito próxima dos bichos, principalmente pela questão da inconsciência.

> Essa moça não sabia que ela era o que era, assim como um cachorro não sabe que é cachorro. Daí não se sentir infeliz (p. 42).

> Ela ficou de cabeça inclinada para o ombro assim como uma pomba fica triste (p. 66).

> Um dia a pílula te cola na parede da garganta que nem galinha de pescoço meio cortado, correndo por aí (p. 80).

Inclusive no momento da morte, o narrador recorre a metáforas em que aproxima Macabéa dos bichos, ainda num gesto de brutalidade com sua personagem.

O Destino havia escolhido para ela um beco no escuro e uma sarjeta. Ela sofria? Acho que sim. Como uma galinha de pescoço malcortado que corre espavorida pingando sangue. Só que a galinha foge – como se foge da dor – em cacarejos apavorados. E Macabéa lutava muda (p. 100).

A morte é um encontro consigo. Deitada, morta, era tão grande como um cavalo morto. O melhor negócio é ainda o seguinte: não morrer, pois morrer é insuficiente (p. 105).

As funções da linguagem na construção da obra

As funções da linguagem fazem parte da teoria da comunicação. Segundo Roman Jakobson, cada função tem o foco e a origem em um dos elementos da comunicação, que são seis: emissor, receptor, mensagem, código, canal e contexto. Para haver comunicação, todos os elementos devem estar presentes. Portanto, ao enfatizar cada elemento, temos funções da linguagem distintas: emotiva, conativa, poética, metalinguística, fática e referencial. É comum haver mais de uma função da linguagem nos textos, mas é importante a predominante.

Para entendermos um pouco sobre cada uma das funções, começaremos pela função emotiva ou expressiva, cujo foco é o emissor da mensagem. Nela, o objetivo é transmitir as emoções e sentimentos do emissor. Nesse caso, a mensagem é pessoal, subjetiva e utiliza a primeira pessoa do discurso. Encontramos também o uso da pontuação, que acentua a entonação emotiva, como pontos de exclamação e as reticências, e a presença de interjeições.

A função conativa ou apelativa põe o foco no receptor, tendo como objetivo influenciá-lo e persuadi-lo. É um apelo para que o receptor faça algo, tome determinada atitude. Nessa função há o uso da segunda e terceira pessoas do discurso (tu e você), além do uso de verbos no imperativo e vocativos.

A função referencial, informativa ou denotativa enfatiza o contexto, e seu principal objetivo é transmitir uma informação. A linguagem, nesse caso, é clara, objetiva, denotativa (sentido literal), impessoal (predomínio da terceira pessoa), sem sentimentalismos, baseada em fatos e dados concretos.

A função fática foca o canal da comunicação. É a tentativa de estabelecer ou manter um canal de comunicação entre emissor e receptor. Utiliza-se para iniciar a transmissão da mensagem ou para garantir sua continuação e verificar se está sendo ou não entendida a mensagem. Muitos dos diálogos entre Macabéa e Olímpico são exemplos da função fática.

A metalinguística dá ênfase ao código linguístico, assim tem como objetivo usar o código comunicativo para explicar o mesmo código. Em especial, encontramos em *A hora da estrela* a organização metalinguística do discurso narrativo, ou seja, a obra explicando a própria escritura da obra.

E, por fim, a função poética, cujo objetivo é transmitir uma mensagem elaborada, formalmente estruturada, com palavras escolhidas, selecionadas a fim de produzir um resultado estético. É a função que valoriza o conotativo, dá importância ao ritmo, à melodia e à sonoridade das palavras. Em *A hora da estrela*, encontramo-la nas construções metafóricas. Isto posto, partamos para a obra.

Sabe-se que o exercício metalinguístico é uma das marcas em *A hora da estrela*. As ações de Macabéa são pautadas pelo solilóquio de Rodrigo S.M., que define como e por quem a narrativa deve ou não deve ser contada. Em outras palavras, a narrativa desliza entre o ato de narrar e seu questionamento.

Quando ocorre o diálogo entre Macabéa e Olímpico, fica nítido que eles não se entendem:

Ele: – Pois é.

Ela: – Pois é o quê?

Ele: – Eu só disse pois é.

Ela: – Mas "pois é" o quê?

Ele: – Melhor mudar de conversa porque você não me entende.

Ela: – Entender o quê?

Ele: – Santa Virgem, Macabéa, vamos mudar de assunto e já!

Ela: – Falar então de quê?

Ele: – Por exemplo, de você.

Ela: – Eu?!

Ele: – Por que esse espanto? Você não é gente? Gente fala de gente.

Ela: – Desculpe mas não acho que sou muita gente.

Ele: – Mas todo mundo é gente, meu Deus!

Ela: – É que não me habituei.

Ele: – Não se habituou com quê?

Ela: – Ah, não sei explicar.

Ele: – E então?

Ela: – Então o quê?

Ele: – Olhe, eu vou embora porque você é impossível!

Ela: – É que só sei ser impossível, não sei mais nada. Que é que eu faço para conseguir ser possível?

Ele: – Pare de falar porque você só diz besteira!

Diga o que é do teu agrado.

Ela: – Acho que não sei dizer.

Ele: – Não sabe o quê?

Ela: – Hein?

Ele: – Olhe, até estou suspirando de agonia. Vamos não falar em nada, está bem?

Ela: – Sim, está bem, como você quiser (p. 64-65).

Nesses diálogos, predomina a função fática da linguagem.

– Olhe, Macabéa...

– Olhe o quê?

– Não, meu Deus, não é olhe de ver, é "olhe" como quando se quer que uma pessoa escute! Está me escutando?

– Tudinho, tudinho!

– Tudinho o quê, meu Deus, pois se eu ainda não falei! Pois olhe vou lhe pagar um cafezinho no botequim. Quer?

– Pode ser pingado com leite?

– Pode, é o mesmo preço, se for mais, o resto você paga (LISPECTOR, 1993, p. 71).

O que ocorre entre eles é uma espécie de não comunicação, uma vez que ambos têm uma precariedade absoluta da palavra. Ela é inspirada pela sabedoria inútil da Rádio Relógio, ele, em sua ignorância e rispidez, não consegue responder às suas perguntas.

Contudo não é só na função metalinguística e fática que se apoia a linguagem da obra. De forma magistral, há também inúmeras passagens predominantemente poéticas, fruto da elaboração criteriosa da mensagem com o intuito de produzir em quem lê a desautomatização e até mesmo a comoção pela moça nordestina.

> [...] Até para atravessar a rua ela já era outra pessoa. Uma pessoa grávida de futuro. Sentia em si uma esperança tão violenta como jamais sentira tamanho desespero [...] (p. 98).

Trechos de tamanha densidade poética sucedem outros trechos metalinguísticos que predominam na narrativa. Há também de se destacar fragmentos em que o narrador se volta para o leitor, inserindo-o na história, dialogando com ele na construção da obra.

> Sim, mas não esquecer que para escrever não-importa-o-quê o meu material básico é a palavra. Assim é que esta história será feita de palavras que se agrupam em frases e destas se evola um sentido secreto que ultrapassa palavras e frases.

> É claro que, como todo escritor, tenho a tentação
> de usar termos suculentos: conheço adjetivos es-
> plendorosos, carnudos substantivos e verbos tão
> esguios que atravessam agudos o ar em vias de
> ação, já que palavra é ação, concordais? Mas não
> vou enfeitar a palavra pois se eu tocar no pão
> da moça esse pão se tornará ouro – e a jovem
> não poderá mordê-lo, morrendo de fome. Tenho
> então que falar simples para captar sua delicada
> e vaga existência (p. 28).

Além de um diálogo com o leitor, exemplo da função conativa, no trecho citado ocorre o diálogo também com a retórica do passado, ou seja, um diálogo com estilos literários passados. Termos como "suculentos", "adjetivos esplendorosos" e "carnudos substantivos" valorizam mais a forma do que o conteúdo. Sutilmente, Clarice mostra que sua prosa não é alienada nem elitista. Ela aproxima o fazer literário do leitor, convidando-o a fazer a própria linguagem poética.

> Devo acrescentar um algo que importa para a
> apreensão da narrativa; é que esta é acompanhada
> do princípio ao fim por uma levíssima e constante
> dor de dentes, coisa de dentina exposta (p. 39).

É óbvio que transformar a história de Macabéa em uma dor de dentes – de dentina exposta mesmo – incomoda quem lê e reforça o uso da ironia com a qual Rodrigo vai contando sua história sem a força dos atrativos.

A morte na obra

A hora da estrela foi escrito no mesmo ano da morte da escritora. Já bastante debilitada pela doença (câncer), Clarice escrevia fragmentos cuja organização ficava por conta da amiga Olga Borelli. Desse frágil período nasceu essa novela e também *Um sopro de vida*.

Macabéa nasceu para a morte, que é anunciada desde a dedicatória da obra, "esta coisa aí". Nada sabemos de sua origem, não tem raiz, é um cogumelo. O tom fúnebre que atravessa toda a narrativa e a culpa que Rodrigo S.M. sente em não salvar a nordestina são anunciadores da tragédia que está por vir.

Em *A hora da estrela* há uma forte e visível fixação pela temática da morte. Toda a construção do texto caminha para esse desfecho, tudo parece ser escrito para chegar nele. A morte, ou seja, o fim justifica o começo da narrativa:

> Só não o inicio pelo fim que justificaria o começo – como a morte parece dizer sobre a vida – porque preciso registrar os fatos antecedentes (p. 26).

Assim é que experimentei contra os meus hábitos uma história com começo, meio e "gran finale" seguido de silêncio e de chuva caindo (p. 27).

A própria metáfora encontrada no título mostra a preocupação com a morte. Todo indivíduo tem sua hora de estrela, ou seja, atinge a glória suprema e êxtase no momento em que sua vida se esvai. Isso é puro existencialismo, pois, segundo a obra, é a morte que proporciona a consciência plena à protagonista. Macabéa não vivia, ela morre em vida e agora morre para viver. Esse momento de brilho e felicidade suprema é a sua hora, a hora da estrela:

Então – ali deitada – teve uma úmida felicidade suprema, pois ela nascera para o abraço da morte. A morte que é nesta história o meu personagem predileto (p. 103).

A obra é indubitavelmente uma longa reflexão sobre a morte. Rodrigo S.M. quer até prolongar a história de Macabéa para protelar o fim, pois sabe-se que, com a morte da nordestina, morre também o narrador. O fim da criatura significa também o fim do criador.

Macabéa morre duas vezes na história. Sua primeira morte se dá em vida – personagem sem lugar no mundo – e a segunda é aquela propriamente dita, isto é, ao ser atropelada. Por isso, ela não teme a verdadeira morte: "A nordestina não acreditava na morte, como eu já disse, pensava que não – pois não é que estava viva?" (p. 52)

A morte verdadeiramente dita é um momento em que ela descobre o prazer. Até a divina música é tocada para tornar esse momento definitivamente epifânico.

> Apareceu portanto um homem magro de paletó puído tocando violino na esquina. Devo explicar que este homem eu o vi uma vez ao anoitecer quando eu era menino em Recife (p. 101).

> Só agora entendo e só agora brotou-se-me o sentido secreto: o violino é um aviso. Sei que quando eu morrer vou ouvir o violino do homem e pedirei música, música, música (p. 101).

> Então – ali deitada – teve uma úmida felicidade suprema, pois ela nascera para o abraço da morte. A morte que é nesta história o meu personagem predileto (p. 103).

> Um gosto suave, arrepiante, gélido e agudo como no amor. Seria essa a graça a que vós chamais de

Deus? Sim? Se iria morrer, na morte passava de virgem a mulher. Não, não era morte pois não a quero para a moça: só um atropelamento que não significava sequer desastre. Seu esforço de viver parecia uma coisa que, se nunca experimentara, virgem que era, ao menos intuíra, pois só agora entendia que mulher nasce mulher desde o primeiro vagido. O destino de uma mulher é ser mulher. Intuíra o instante quase dolorido e esfuziante do desmaio do amor. Sim, doloroso reflorescimento tão difícil que ela empregava nele o corpo e a outra coisa que vós chamais de alma e que eu chamo – o quê? (p. 103).

A redenção de Macabéa é nessa hora, enquanto morre. Prende-se à vida, pois tem esperança no futuro. A última frase de Macabéa – "Quanto ao futuro" – não foi entendida por nenhum transeunte. Entretanto, o segredo está justamente aí, no futuro. Não há quem conheça o futuro, nem a morte, nem o que virá depois da morte. Macabéa conheceu a morte e, com esta, Macabéa se descobriu. A morte passa longe de ser sofrimento ou infelicidade, pois foi nesse momento que ela nasceu, virou estrela.

História exterior e explícita, sim, mas que contém segredos – a começar por um dos títulos, "Quanto ao futuro", que é precedido por um ponto final e seguido de outro ponto final (p. 27),

Ficou inerme o canto da rua, talvez descansando das emoções, e viu entre as pedras do esgoto o ralo capim de um verde da mais tenra esperança humana. Hoje, pensou ela, hoje é o primeiro dia de minha vida: nasci (p. 99).

Com a morte de Macabéa, morre também Rodrigo S.M., o escritor/narrador ("na verdade Clarice Lispector"):

Macabéa me matou.
Ela estava enfim livre de si e de nós. Não vos assusteis, morrer é um instante, passa logo, eu sei porque acabo de morrer com a moça. Desculpai-me esta morte. É que não pude evitá-la, a gente aceita tudo porque já beijou a parede. Mas eis que de repente sinto o meu último esgar de revolta e uivo: o morticínio dos pombos!!! Viver é um luxo. Pronto, passou.
Morta, os sinos badalavam mas sem que seus bronzes lhes dessem som. Agora entendo esta história. Ela é a iminência que há nos sinos que quase-quase badalam.
A grandeza de cada um (p. 105).

A possibilidade de ser deixou Macabéa desnorteada. Ela, indivíduo incapaz de se enxergar enquanto pessoa dotada de vontade e de futuro, viu-se diante da consciência de si. Ao sair da cartomante, "grávida de futuro", ela percebeu sua miséria e infelicidade. Assim sendo, a previsão de Madama Carlota foi uma "sentença de vida", uma espécie de salvação.

> [...] a salvação de que nos fala a autora, ainda que não seja religiosa, é, propriamente, a salvação da alma. Mas de uma alma que já se supõe demolida, desfigurada. É isso que nos contam seus personagens, uma estranha salvação (ZORZANELLI, 2005, p. 31).

Mas o prazer da morte também toma conta do narrador. A morte é uma surpresa repleta de prazeres do cotidiano:

> E agora – agora só me resta acender um cigarro e ir para casa. Meu Deus, só agora me lembrei que a gente morre. Mas – mas eu também?!
> Não esquecer que por enquanto é tempo de morangos (p. 106).

Nas obras de Clarice, encontramos muito essa ideia de salvação, que representa para muitos personagens uma possibilidade de novas realidades. Em *A hora da estrela*, a salvação é a morte.

> Ela estava enfim livre de si e de nós. Não vos assusteis, morrer é um instante, eu sei porque acabo de morrer com a moça. Desculpai-me esta morte. É que não pude evitá-la, a gente aceita tudo porque já beijou a parede. Mas eis que de repente sinto o meu último esgar de revolta e uivo: o morticínio dos pombos!!! Viver é luxo (p. 105).

Assim como um pombo, Macabéa, mulher e nordestina, foi ignorada pela sociedade. Enquanto é banalizada, ela tem sua utilidade. Depois da percepção de seu ser, de sua infelicidade e miséria, não faz mais sentido mantê-la viva. Rodrigo S.M. faz um ato de amor ao matá-la, pois o maior castigo, o pior seria a vida. A morte a liberta de si mesma e de nós. Mesmo que depois o narrador seja tomado pela culpa por nunca ter feito nada por ela.

O existencialismo

Segundo Jean-Paul Sartre, "[...] a existência precede a essência. Significa que, em primeira instância, o homem existe, encontra-se a si mesmo, surge no mundo e só posteriormente se define" (SARTRE, 1987, p. 5-6).

Dessa forma, o pensamento existencialista defende a ideia de que não existe uma essência que determine o homem, entretanto ele [homem] irá construir essa essência dentro de sua existência. Isso é exemplificado por Sartre:

> Consideremos um objeto fabricado, como um livro ou um corta-papel; esse objeto foi fabricado por um artífice que se inspirou num conceito; tinha, como referências, o conceito de corta-papel assim como determinada técnica de produção, que faz parte do conceito e que, no fundo, é uma receita. Desse modo, o corta-papel é, simultaneamente, um objeto que é produzido de certa maneira e que, por outro lado, tem uma utilidade definida: seria impossível imaginarmos um homem que produzisse um corta-papel sem saber para que tal objeto iria servir. Podemos assim afirmar que, no caso do corta-papel, a essência – ou seja, o conjunto de técnicas e das qualidades que permitem a sua produção e definição – precede a existência; e desse modo, também, a presença de tal corta-papel ou de tal livro na minha frente é determinada. Eis aqui uma visão técnica do mundo em função da qual podemos afirmar que a produção precede a existência (SARTRE, 1987).

Se a condição do homem é a construção de sua essência, ele está sujeito a inúmeras crises existenciais, pois está todo o tempo em busca de quem ele realmente é. Rodrigo S.M. vive esse dilema justamente por estar refletindo sobre sua identidade de maneira recorrente. Mas o que dizer de Macabéa? Como buscaria a sua essência se ela nem sequer tem noção de sua existência?

Ademais, a trajetória de Macabéa está cortada pela degeneração de si e pela miséria social. Macabéa está mais para o *gauche* de Drummond, no "Poema de sete faces", do que para Joana ou G.H., personagens de *Perto do coração selvagem* e de *A paixão segundo G.H.*, respectivamente.

> Quando nasci, um anjo torto
> desses que vivem na sombra
> disse: Vai, Carlos! ser gauche na vida
> (ANDRADE, 2022, p. 7).

Talvez esteja aí o aspecto trágico de Macabéa, sua falta de autoconhecimento e a sua condição de miserável. Ou talvez ainda essa tragicidade se encontre na sua inaptidão para a vida em sociedade: "[…] ela era incompetente […] para a vida. Faltava-lhe o jeito de se ajeitar. Só vagamente tomava conhecimento da espécie de ausência que tinha de si em si mesma" (p. 39).

Rodrigo S.M. se encarrega de nos contar sobre a nordestina que vivia numa sociedade técnica em que ela é um parafuso dispensável ou sobre "as fracas aventuras de uma moça numa cidade toda feita contra ela" (p. 29). Há aí dois perfis gaucheanos de Macabéa. O primeiro é a dificuldade de inserção em uma cultura tecnológica. Apesar de trabalhar como datilógrafa, Macabéa não possui proficiência alguma para tal ofício e o faz de maneira suja e precária: "[S. Raimundo] avisou-lhe com brutalidade [...] que só ia manter no emprego Glória [...] porque quanto a ela [Macabéa], errava demais na datilografia, além de sujar invariavelmente o papel" (p. 39-40). Já o segundo perfil canhestro diz respeito à linguagem. Macabéa pouco fala, fala mal, quase não consegue dialogar. Se a linguagem é uma propriedade humana que medeia a relação homem *versus* sociedade, a nordestina foge ao seu uso.

Martin Heidegger diz:

> O homem não é apenas um ser vivo, que, entre outras faculdades, possui também a linguagem. Muito mais do que isso. A linguagem é a casa do Ser. Nela morando, o homem ec-siste na medida em que pertente à Verdade do Ser, protegendo-a e guardando-a (HEIDEGGER, 1967, p. 55).

Ao privar a si mesma da linguagem, Macabéa se priva da "casa do Ser" e vai aos poucos zoomorfizando-se.

Sobre a linguagem e o espaço da cidade ocupado pelos retirantes nordestinos, lembremos que Roland Barthes afirma que a cidade tem linguagem própria: "A cidade é um discurso, e esse discurso é verdadeiramente uma linguagem: a cidade fala a seus habitantes, falamos nossa cidade, a cidade em que nos encontramos, habitando-a simplesmente, percorrendo-a, olhando-a" (BARTHES, 2001, p. 224). O drama existencial de Macabéa continua, uma vez que ela não se integra à cidade e a cidade não fala a Macabéa.

Ainda no viés do existencialismo de Martin Heidegger, o ser *no mundo* convive com os outros indivíduos (*con-vivência*), o que o torna um ser histórico. Mas o que dizer de Macabéa, que é desprovida dessa convivência? Se o destino histórico (conceito de Heidegger) é o movimento pelo qual o homem se inscreve no tempo e no espaço, consumando-se como ser *no mundo*, seria a retirante um ser histórico?

Macabéa tem origem imprecisa, o que conhecemos de sua família é uma tia que a submeteu a uma criação religiosa em que a sexualidade era recriminada. Quais são as histórias do passado da anti-heroína? Com quem ela conviveu?

Macabéa é um ser a-histórico e apolítico (na concepção aristotélica mesmo!)[1]. Ela não se relaciona socialmente e não tem capacidade de refletir sobre o seu papel social. Maca restringe sua convivência a uma passiva ouvinte da Rádio Relógio, "[...] a personagem repetirá o que escuta na Rádio, imobilizada por uma informação que não lhe serve para nada e pela voz do outro, que não rearticula" (WALDMAN, 1998, p. 99).

E talvez esteja aí o mais gaucheano dos perfis canhestros de Macabéa: a contrariedade ao ato de pensar: "Pensar era difícil, ela não sabia de que jeito se pensava" (LISPECTOR, 1993, p. 71). Ela sente e se abstrai do pensar, tal qual o heterônimo de Fernando Pessoa Alberto Caeeiro (PESSOA, 1946, p. 55):

> Se quiserem que eu tenha um misticismo, está bem, tenho-o.
> Sou místico, mas só com o corpo.
> A minha alma é simples e não pensa.

Mas será que em nenhum momento na novela Macabéa tem consciência de si? O seu triste fim é uma decorrência desse saber ser *no mundo*. Ela não só

---

1 De acordo com a concepção aristotélica, "Todo homem é um animal político", pois ele não pode viver sozinho; é preciso viver junto, e viver junto pressupõe negociar interesses para a tomada de decisões.

reconhece sua existência, mas também sai em busca de sua essência. A "sentença de vida" de Madama Carlota dá-lhe a percepção de sua infelicidade, de sua miséria humana. A previsão da cartomante traz algo que a nordestina nunca imaginara.

> A salvação de que nos fala a autora, ainda que não seja religiosa, é, propriamente, a salvação da alma. Mas de uma alma que já se supõe demolida, desfigurada. É isso que nos contam seus personagens, uma estranha salvação (ZORZANELLI, 2005, p. 31).

Essa ideia de salvação é muito presente na produção de Clarice. Na novela *A hora da estrela*, a morte da nordestina é sua própria salvação.

> Ela estava enfim livre de si e de nós. Não vos assusteis, morrer é um instante, eu sei porque acabo de morrer com a moça. Desculpai-me esta morte. É que não pude evitá-la, a gente aceita tudo porque beijou a parede. Mas eis que de repente sinto o meu último esgar de revolta e uivo: o morticínio dos pombos!!! Viver é um luxo (p. 105).

Sim, Macabéa era um "pombo" na sociedade, ignorado e sem utilidade. Após seu autorreconhecimento, após a percepção de seu sentido vazio, não há razão para manter Macabéa viva. O seu processo de salvação se dá na sua morte, na morte da estrela.

Há um forte dualismo em *A hora da estrela* que ocorre entre o narrador e a personagem. A "consciência" do criador se opõe à "inconsciência" da criatura. Nas palavras de Rodrigo S.M., Macabéa não era "uma idiota, mas tinha a felicidade pura dos idiotas" (p. 87).

Por mais que ele, o narrador, diga desconhecer o fim da história e procure não mostrar nenhum sentimento de culpa em relação a Macabéa, sabemos que isso não ocorre, pois ele se vê obrigado a contar a história. Essa consciência pesa sobre si porque ele deve observar a si mesmo no mundo e olhar por sua personagem. Passa então a analisar a realidade, está cheio de dúvidas e não vai parar de escrever enquanto não encontrar respostas. A própria vida parece-lhe fugir do controle. E quanto mais Rodrigo busca essa consciência, mais alienada torna-se Macabéa. Lucchesi fala sobre isso:

> A errância de Macabéa deriva da absoluta falta de uma consciência especular: o não saber "ver-se". Este é o fundamento básico a sustentar a diferença entre narrador/personagem. A errância que faz de Macabéa o reduto do não-ser não é a mesma que impulsiona a existência de Rodrigo. Este,

a despeito do confessado fracasso como escritor, pode "ver-se" (LUCCHESI, 1987, p. 37).

Segundo Gerd Bornheim, Rodrigo não a culpa desse dualismo, afinal, mesmo sendo responsável por seus atos, ela não é responsável por sua existência. Ele o é. Esse saber o insere no mundo como indivíduo.

Rodrigo S.M. tem em mãos o destino de Macabéa, mas nada pode fazer para impedir seu trágico fim. Sente-se impotente, e a única coisa que pode fazer é contar a história dela: "E dever meu, nem que seja de pouca arte, o de revelar-lhe a vida. Porque há direito ao grito" (p. 27).

Apesar de toda a pena que sente da nordestina, não consegue salvá-la, e isso o enche de angústia. Esse sentimento retoma a definição defendida por Kierkegaard: "vertigem diante do que não é, mas poderá ser pelo uso de uma liberdade que não se experimentou e que não se conhece" (KIERKEGAARD *apud* JOLIVET, 1961, p. 58).

Apesar de toda esperança que nutre em encontrar ainda algo que brilhe na existência da moça, Rodrigo narra o atropelamento e os desesperadores momentos que antecedem a morte dela. Parafraseando o narrador, ele diz que já foi longe demais para voltar atrás. Fará o possível para que ela não morra e percebe que sua história é tão melodramática como a vida.

Todavia, com a morte, Macabéa terá sua epifania. Terá consciência de sua existência, mesmo que a existência lhe seja revelada no momento da morte.

> Madame Carlota havia acertado tudo, Macabéa estava espantada. Só então vira que sua vida era uma miséria. Teve vontade de chorar ao ver o seu lado oposto, ela que, como eu disse, até então se julgava feliz (p. 97).

Rodrigo está morrendo junto com a personagem:

> Quanto a mim, substituo o ato da morte por um seu símbolo. Símbolo este que pode se resumir num profundo beijo, mas não na parede áspera e sim boca a boca na agonia do prazer que é morte. Eu, que simbolicamente morro várias vezes só para experimentar a ressurreição (p. 102).

Apesar da angústia final, Rodrigo quer prolongar esse momento; ele deseja-lhe ainda a vida, o que no caso de Macabéa não é o caminho mais fácil, mas sim o pior: "Os que me lerem, assim, levem um soco no estômago para ver se é bom. A vida é um soco no estômago" (p. 102).

Determinada, assim, a morte da moça, o narrador percebe o próprio fim:

> Ela estava enfim livre de si e de nós. Não vos assusteis, morrer é um instante, passa logo, eu sei porque acabo de morrer com a moça. Desculpai-me esta morte. É que não pude evitá-la, a gente aceita tudo porque já beijou a parede. Mas eis que de repente sinto o meu último esgar de revolta e uivo: o morticínio dos pombos!!! Viver é um luxo (p. 105).

Após o atropelamento, é concedida à nordestina uma nova existência; Macabéa nasce para a vida justamente na hora em que ela acaba.

Linguagem figurada

Não há dúvidas de que a linguagem bem elaborada, poética, de sentido conotativo faça parte de *A hora da estrela*. Em meio a tantos recursos estilísticos, Clarice escolhe, sobretudo, duas figuras sobre as quais constrói a obra: a ironia e a metáfora.

É interessante observar a crítica de Clarice a toda uma sociedade capitalista. Embora tachada de alienada, há no decorrer da narrativa uma série de símbolos que atacam o consumismo. Macabéa, a protagonista por quem Rodrigo S.M. sofre, é apaixonada por cachorro-quente e Coca-Cola. Sua vida cultural resume-se à Rádio Relógio, entretanto sua miséria intelectual não permite entender o que ouve ou saber para que serve aquilo que ouve.

O determinismo biológico também não escapa das sutilezas de Clarice. A inadaptação de Macabéa pode ser explicada por essa corrente. Ela é nordestina e mulher. O determinismo marcou toda a literatura engajada, desde Aluísio Azevedo até Graciliano Ramos. E essa representação caricatural – a nordestina massacrada (Macabéa), o nordestino marginal (Olímpico), a carioca da gema do subúrbio (Glória), a vigarista (Madama Carlota) – não deixa de refletir o engajamento de uma literatura que tenta explicar os problemas do povo brasileiro. Mas o elemento surpresa é que a miserável Macabéa, ao passar por um processo de sondagem interior, supera-se, enchendo-se de uma grandeza existencial e de uma dignidade ímpar, sem apelar para um lirismo piegas.

Outra ironia está no fato de que a vida de Macabéa só ganha sentido com a sua morte. O mundo só dá conta de sua existência no momento de sua morte (a hora em que foi estrela). Morre atropelada por uma Mercedes-Benz em alta velocidade, símbolo do progresso, do luxo da cidade grande à qual não se adaptou:

> Tinha-se aberto em fendas a terra de Alagoas. Fixava, só por fixar, o capim. Capim na grande

Cidade do Rio de Janeiro. À toa. Quem sabe se Macabéa já teria alguma vez sentido que também ela era à-toa na cidade inconquistável (p. 99).

Apesar de todo o desenrolar da trama, morte-vida, a obra começa com a seguinte frase: "Tudo no mundo começou com um sim" e termina com "Sim", uma sentença declarativa, que, de forma lacônica, dá circularidade à obra. Embora o narrador afirme que tenha morrido com a nordestina, é justamente essa circularidade, que no não dito, instiga Rodrigo a permanecer vivo. Lembre-se: "Não esquecer que por enquanto é tempo de morangos" (LISPECTOR, 1993, p. 106). Muito ainda há de ser feito por ele.

O narrador afirma não ter dúvidas de que cumpriu sua missão: libertou Macabéa de uma vida miserável para que ela pudesse virar uma estrela. Até mesmo a posição fetal em que Macabéa se encontra no momento da morte representa o nascer da estrela.

Outra ironia presente na obra são as frases feitas, os clichês, que, utilizados por Rodrigo S.M., levam o leitor à reflexão. É uma crítica ao senso comum, à linguagem engessada. O chavão ouvido na rádio "quem espera sempre alcança" (p. 53) é uma grande ironia, pois a obra faz uma exaltação ao direito ao grito. Clarice ainda aproveita o clichê "quando se dá a mão essa gentinha quer todo o resto" (p. 51), para mostrar a prepotência e a ignorância da classe média.

A imagem do capim, que é metaforicamente associada a Macabéa e a seu lugar no mundo, simboliza o que é rasteiro e sem valor, mas tem capacidade de brotar e de se propagar, mostrando sua resistência mesmo em condições de precariedade.

A dor de dente também é uma metáfora presente em toda a narrativa: "A dor de dentes que perpassa esta história deu uma fisgada funda em plena boca nossa" (p 25). É um sinal de que a história vai incomodar, vai trazer sofrimento.

Só para deixar registrado, há outras passagens de extremo lirismo na obra, metaforizadas, tornando a linguagem muito poética: "Sim, minha força está na solidão. Não tenho medo nem de chuvas tempestivas nem das grandes ventanias, pois eu também sou o escuro da noite" (p. 32) ou "Pois na hora da morte a pessoa se torna brilhante estrela de cinema" (p. 44) ou ainda "Ela acreditava em anjo e, porque acreditava, eles existiam" (p. 56).

Todos os elementos citados enriquecem o enredo da obra e caracterizam o estilo de Clarice, mas há um aspecto que assume especial importância em *A hora da estrela*: a figura da mulher. O feminino é uma presença muito forte na ficção lispectoriana e é sobre ele que falaremos a seguir.

7

O MUNDO DAS MULHERES

Conhecida por ser uma escritora do universo feminino, Clarice dá vida a dois tipos de mulheres: as solitárias melancólicas, sem problemas financeiros, porém perambulando por mundos construídos por homens, por isso sufocadas pela solidão ou problemas existenciais, como G.H. em *A paixão segundo G.H.*; e as donas de casa burguesas sufocadas pelo cotidiano de mãe e esposa, como Ana, do conto "Amor" em *Laços de família*. Ambas são mulheres em busca de identidade, vivendo em um mundo que não foi construído por elas.

Macabéa é um marco na ficção de Clarice, pois rompe com esses dois modelos femininos. Isso porque ela não tem identidade e não está à procura de uma. Nada lhe faz falta, ela não tem carência de nada, nem de si mesma. Nada questiona, pois não tem capacidade para entender.

Vou agora começar pelo meio dizendo que – ela era incompetente. Incompetente para a vida.

Faltava-lhe o jeito de se ajeitar. Só vagamente tomava conhecimento da espécie de ausência que tinha de si em si mesma (p. 39).

Não fazia perguntas. Adivinhava que não há respostas. Era lá tola de perguntar? E de receber um "não" na cara? Talvez a pergunta vazia fosse apenas para que um dia alguém não viesse a dizer que ela nem ao menos havia perguntado. Por falta de quem lhe respondesse, ela mesma parecia se ter respondido: é assim porque é assim. Existe no mundo outra resposta? Se alguém sabe de uma melhor, que se apresente e a diga, estou há anos esperando (p. 42).

Todavia, existem pontos de contato entre Macabéa e perfis femininos anteriores. Um deles é a sondagem interior de todas elas, mesmo que seja um interior tão vazio como o da nordestina. Outro contato é o fato de que são sempre reveladas por intermédio dos homens. O nome de Macabéa só é revelado quando conhece Olímpico. Sempre que se irrita com ela, o namorado agride-a verbalmente, mas promete que não agredirá mais, pois ela é "moça donzela", "moça virgem", "moça direita", "senhorinha", termos que mostram sua visão machista. Troca-a por Glória, pois encontrou "mercadoria de boa qualidade" e passa a desprezar Macabéa.

Outro aspecto que merece ser destacado é que a trajetória de Macabéa está nas mãos de Rodrigo S.M. É ele quem conduz sua vida e sua morte. Se por um lado é um homem que conduz seu destino, por outro a visão masculina afasta da trama o lirismo piegas. O narrador procura criar no leitor um sentimento de piedade, mas o relato é narrado de forma cruelmente fria. Em *A hora da estrela*, a autora

> Projeta-se num narrador masculino que vê a personagem feminina por ela. Esta seria a busca da visão prismática de Ele-ela ou Ela-ele, através da figura do andrógino, que constituiria uma abertura para a personagem burguesa, sufocada e marginal do processo de produção do mundo masculino (LOBO, 1993, p. 49).

Atropelada por um homem (sempre há o homem), Macabéa encontra sua mulherice e ganha o brilho de uma estrela:

> Seu esforço de viver parecia uma coisa que, se nunca experimentara, virgem que era, ao menos intuíra, pois só agora entendia que mulher nasce mulher desde o primeiro vagido. O destino de uma mulher é ser mulher (p. 103).

> Pois na hora da morte a pessoa se torna brilhante estrela de cinema, é o instante de glória de cada um e é quando como no canto coral se ouvem agudos sibilantes (p. 44).

Apesar do corpo magro e seco, tão seco quanto a própria linguagem, é forte a presença do feminino em Macabéa. Numa conversa com o namorado, ela diz que queria ser como Marylin Monroe: "Sabe o que eu mais queria na vida? Pois era ser artista de cinema. [...] Sabe que Marylin era toda cor-de-rosa?" (p. 70). Olímpico, em sua brutalidade, lhe responde: "E você tem cor de suja. Não tem rosto nem corpo para ser artista de cinema" (LISPECTOR, 1993, p. 70). Essa ideia do cor-de-rosa aparece em outros momentos da narrativa, relacionando-se, para Macabéa, com o significado do *Devir*.

> Às vezes lembrava-se de uma assustadora canção desafinada de meninas brincando de roda de mãos dadas – ela só ouvia sem participar porque a tia a queria varrer no chão. As meninas de cabelos ondulados com laço de fita cor-de-rosa. "Quero uma de vossas filhas de marré-marré-deci." "Escolhei a qual quiser de marré." A música era um fantasma pálido como uma rosa que é louca de beleza mas mortal: pálida e mortal a moça era hoje o fantasma

suave e terrificante de uma infância sem bola nem boneca (p. 48).

Outra passagem em que a cor aparece é quando ela conhece Olímpico. "Nunca esqueceria que no primeiro encontro ele a chamara de 'senhorinha', ele fizera dela um alguém. Como era um alguém, até comprou um batom cor-de-rosa" (p. 71).

Outro elemento que Macabéa associa ao feminino é a gordura. Glória, que lhe rouba o namorado, é gorda. A nordestina é "um cabelo na sopa" (p. 78). Maca idealiza ser gorda:

> Glória era um estardalhaço de existir. E tudo devia ser porque Glória era gorda. A gordura sempre fora o ideal secreto de Macabéa, pois em Maceió ouvira um rapaz dizer para uma gorda que passava na rua: "a tua gordura é formosura!" A partir de então ambicionara ter carnes e foi quando fez o único pedido de sua vida. Pediu que a tia lhe comprasse óleo de fígado de bacalhau. (Já então tinha tendências para anúncios.) (p. 78-79).

Na mente de Macabéa se estabelece uma relação entre mulher, gordura e gostosura. No encontro com a cartomante, a protagonista fica atordoada quando Madama Carlota diz que ela vai engordar e ganhar corpo.

Um outro aspecto presente na obra envolve uma questão mais social. Embora Clarice não seja caracterizada como uma escritora engajada com o momento sóciopolítico-econômico, *A hora da estrela* não deixa de ser uma réplica aos críticos que sempre a acusaram de alienada. E como não poderia deixar de ser, a palavra é o seu instrumento de denúncia. O caráter social da obra será abordado no capítulo que segue.

8

O PODER DA LINGUAGEM

A linguagem problematizadora da obra pode nos conduzir para uma vertente social sob a ótica feminina. Conforme já mencionado, a novela *A hora da estrela* é uma resposta à crítica negativa da qual Clarice foi vítima ao longo de sua produção literária.

Agora o olhar da escritora recai sobre duas importantes figuras: Rodrigo S.M., o narrador que confunde o leitor, e Macabéa, a nordestina marginalizada sem poder de voz na cidade grande.

A atividade laboral de cada um remete à linguagem; ele, escritor; ela, datilógrafa. Ele cria, ela copia, repete. Por meio de Macabéa está-se diante da fome, da miséria, da carência de tudo. A moça que daria um bom personagem no romance de 30 divide a história com Rodrigo S.M. em contínuo exercício metaficcional, desdobrando-se em uma linguagem instrumental que é a marca de Clarice.

Clarice vai mais longe, pois se aproveita da realidade social para questionar os meios poéticos da expressão, ou seja, a própria literatura, criando assim seu "engajamento poético" (Paganini, 2000, p. 6). Ao criticar o lado social e político, critica-se também, por meio da problematização do ato de escrever, a própria linguagem.

O problema começa com Rodrigo S.M.: esse narrador é e não é Clarice Lispector. Rodrigo S.M. é um espelho de Clarice, simples cópia da realidade? Neiva Pitta Kadota cita Aristóteles:

> [...] todo trabalho imitativo, por mais fiel que seja ao modelo, à cópia oferecida, exige o desenvolvimento de uma operação ordenadora que, ao mesmo tempo que nos remete para o ser imitado, igualmente aponta para a própria imitação, isto é, para a obra enquanto produto de um gesto mimético, que realça não mais o referente, mas o próprio modo como a imitação deste se configura (KADOTA, 1996, p. 36).

Conclui-se que a mimese[1] seria um elemento fundamental, pois não se trata de simples e pura imitação. Sendo assim, o leitor mais atento pode chegar a confundir-se em alguns momentos quanto a quem está na verdade assumindo a narração da obra: Rodrigo ou Clarice? É indubitável que por detrás do narrador e do processo criativo está uma

---

1   Do grego *mimesis*, significa imitação.

escritora em angústia criativa, refletindo sobre a própria obra. Essa reflexão marca várias produções de Clarice na década de 1970.

Com Rodrigo S.M., Clarice desenvolve a capacidade de ser outro sem deixar de ser ela mesma, fundindo realidade à ficção: "Não se trata de narrativa, é antes de tudo vida primária que respira, respira, respira" (p. 27).

Assim como os demais personagens de Clarice, Rodrigo tem na linguagem uma arma para se defender do mundo. Mas Macabéa contraria essa ideia. É aí que nos deparamos com outro problema.

A linguagem pode mudar o mundo, construí-lo, destruí-lo, reconstruí-lo. Entretanto, se estamos falando da linguagem para agir sobre a sociedade, não devemos esquecer que, em *A hora da estrela*, Macabéa é quase muda, incapaz de tomar consciência de si e da sociedade em que vive. Ela só sabe se desculpar e tem medo das palavras.

> E, se pensava melhor, dir-se-ia que havia brotado da terra do sertão em cogumelo mofado. Ela falava, sim, mas era extremamente muda. Uma palavra dela eu às vezes consigo mas ela me foge por entre os dedos (p. 44).

Nessa direção, Macabéa encontra-se com Fabiano, de *Vidas secas*, de Graciliano Ramos. O sonho deste retirante era falar bonito igual ao seu Tomás da Bolandeira. Sua subserviência vinha da desarticulação no mundo das palavras. Assim como Fabiano, Macabéa é vítima do sistema capitalista, cuja superioridade acentua a pobreza: "Volto à moça: o luxo que se dava era tomar um gole frio de café antes de dormir. Pagava o luxo tendo azia ao acordar" (p. 41).

Quem tem uma mínima desenvoltura com as palavras impõe-se sobre Macabéa: Glória, Olímpico e Madama Carlota são pessoas mais bem articuladas, portanto sobrevivem à selva urbana.

Macabéa escuta a Rádio Relógio, mas não compreende muito do que ouve. Assim é também com o namorado, com Seu Raimundo e com o médico. Ela não compreende, apenas se desculpa, agradece ou repete o que ouviu.

> – Nessa rádio eles dizem essa coisa de "cultura" e palavras difíceis, por exemplo: o que quer dizer "eletrônico"?
> Silêncio.
> – Eu sei mas não quero dizer.
> – Eu gosto tanto de ouvir os pingos de minutos do tempo assim: tic-tac-tic-tac-tic-tac. A Rádio Relógio diz que dá a hora certa, cultura e anúncios. Que quer dizer cultura?
> – Cultura é cultura, continuou ele emburrado.

Você também vive me encostando na parede.

– É que muita coisa eu não entendo bem. O que quer dizer "renda per capita"?

– Ora, é fácil, é coisa de médico (p. 67).

– Você está com começo de tuberculose pulmonar. Ela não sabia se isso era coisa boa ou ruim. Bem, como era uma pessoa muito educada, disse:

– Muito obrigada, sim (p. 86).

Ao revelar o destino, a cartomante envolve Macabéa com palavras doces, acalentadoras. O discurso está repleto de diminutivos ("minha florzinha", "Macabeazinha", "minha queridinha", "filhinha") que traduzem afeto e fazem com que a nordestina, pela primeira vez na vida, se sinta amada. Na verdade, a linguagem falseia a realidade e a liberta, fazendo da palavra o instrumento para o autoconhecimento de Macabéa. Madama Carlota mostra-lhe a miséria de sua vida e a enche de esperanças:

Macabéa ficou um pouco aturdida sem saber se atravessaria a rua pois sua vida já estava mudada. E mudada por palavras – desde Moisés se sabe que a palavra é divina (p. 98).

Embora muitos não o enxerguem em um plano de maior relevância na narrativa, o engajamento está presente na obra. Clarice via-se engajada. Na crônica "Literatura e justiça", da coletânea *Para não se esquecer*, ela afirma:

> Desde que me conheço de fato o fato social teve em mim importância maior que qualquer outro: em Recife os mocambos foram a primeira verdade para mim. Muito antes de sentir "arte", senti a beleza profunda da luta. Mas é que tenho um modo simplório de me aproximar do fato social: eu queria era "fazer" alguma coisa, como se escrever não fosse fazer. O que não consigo é usar escrever para isso, por mais que a incapacidade me doa e me humilhe (p. 29).

A hora da estrela é um grito, é uma denúncia, é uma crítica. É o jeito que Clarice tem de não aceitar a violência com os menos favorecidos. Ela sempre se posicionou, mas sua literatura não é documental.

Explico: na obra *A partilha do sensível*, o pensador Jacques Rancière aponta: "[...] o real precisa ser ficcionado para ser pensado" (RANCIÈRE, 2009, p. 58). Em outras palavras, o texto literário transforma a realidade em arte para que ela – a realidade – possa ser pensada. Dessa forma, entendemos que a novela clariceana não tem a função de documentar o real, mas sim de recriá-lo ficcionalmente para refletir-se sobre ele.

9

FINALMENTE, A HORA DA ESTRELA CLARICE

Clarice contamina, e essa contaminação é fatal. Segundo João Alfredo Montenegro, Clarice "diviniza o mundo [...] e fisga numa louca intuição, o inexprimível absoluto da vida interior". Ela nada contra a correnteza, sangra para dentro e choca o leitor. Porém contagia, é inevitável. Ninguém sai ileso depois de ler um texto seu, depois de claricear-se.

"É um mistério", dizia Clarice sobre seus processos de criação. "Quando penso numa história, eu só tenho uma vaga visão do conjunto, mas isso é coisa de momento, que depois se perde. Se houvesse premeditação, eu me desinteressaria pelo trabalho" (CLARICE *apud* CAMPEDELLI; ABDALA JR, 1981, p. 15). Suas obras dificilmente apresentam início, meio e fim. O que sustenta a narrativa é a palavra do abismo com seu sentido secreto.

Clarice é rebelde. Segundo Kadota:

> [...] ela como James Joyce, como Virginia Woolf, se propôs a essa introspectiva, através de *insights*

> luminosos, ou de uma escritura pontilhada de minúsculos incidentes descontínuos, que melhor revelam os conflitos humanos, superando qualquer descrição do narrador ou um encadeamento de fatos, por mais representativos que se mostrem a um primeiro olhar (KADOTA, 1997, p. 77).

Em *A hora da estrela*, Clarice faz uma não história. Sua obra entrelaça a dura tarefa da criação poética e a vida de uma moça que "vive sem existir. Está sem jamais ser" (LUCCHESI, 1987, p. 44). E, dessa forma, a autora torna o leitor seu cúmplice, ganhando-lhe simpatia e confiança.

Densamente, ela revolucionou a linguagem e possibilitou um mergulho vertical, atravessando vários níveis de percepção. Partindo de descrições, metáforas, ironia, foco narrativo cambiante até chegar ao fluxo da consciência, que permite uma viagem maior pela mente humana. Tudo isso desfazendo o "estar no mundo" para criar o "ser no mundo". Em Clarice, as coisas não estão, as coisas são. Assim processa o seu existencialismo. Da metalinguagem à epifania, vemos a ressurreição de Rodrigo S.M. e de Macabéa. O primeiro cumpriu o que se propôs a fazer, e a segunda nasceu para a vida.

> Entre a palavra e o silêncio, entre o que diz e o que está implícito em seu dizer, situa-se o texto de

Clarice. Ler o seu texto é penetrar nesse âmbito elétrico onde forças opostas se digladiam. [...] Se quisermos saber o que diz o seu texto, devemos interrogar também o silêncio. Não o silêncio que se situa antes da palavra e que é um querer dizer, mas o outro, o que fica depois dela e que é um saber que não pode dizer a única coisa que, de fato, valeria a pena ser dita (BERTA, 1983, p. 89).

O não dito em Clarice é o que pulsa em cada coisa, em cada ser, e que precisa ser desvendado, ou melhor, revelado. Num mergulho vertical, no abismo profundo, encontra-se a zona silenciosa da palavra, ou seja, o seu sentido oculto. Cada palavra de Clarice é um elemento de nós mesmos.

OBRAS DE CLARICE

A hora da estrela. 22. ed. Rio de Janeiro: Francisco Alves, 1993.

A descoberta do mundo. 1. ed. Rio de Janeiro: Rocco, 1999.

A legião estrangeira. 1. ed. Rio de Janeiro: Rocco, 2020.

Laços de família: contos. 1. ed. Rio de Janeiro: Rocco, 2020.

A paixão segundo G.H. 1. ed. Rio de Janeiro: Rocco, 2020.

Perto do coração selvagem. 31. Rio de Janeiro: Francisco Alves, 1993.

Todas as crônicas. 1. ed. Rio de Janeiro: Rocco, 2018.

Todas as cartas. 1. ed. Rio de Janeiro: Rocco, 2019.

Outros escritos. 1. ed. Rio de Janeiro: Rocco, 2019.

REFERÊNCIAS BIBLIOGRÁFICAS

AMARAL, Emília. *Para amar Clarice:* como descobrir e apreciar os aspectos mais inovadores de sua obra. 1. ed. São Paulo: Faro Editorial, 2017.

AMARAL, Emília. O pacto com o leitor da escrita em *A paixão segundo G.H. In*: PONTIERI, Regina. (org.). Leitores e leituras de Clarice. São Paulo: Hedra, 2002.

ANDRADE, Carlos Drummond de. *Alguma poesia*. Rio de Janeiro: Record, 2010.

ASSIS, Joaquim Maria Machado de. *Papéis avulsos*. São Paulo: Penguin Classics, Companhia das Letras, 2011.

BARTHES, Roland. *Literatura e realidade (o que é realismo?)*. Lisboa: Publicações Dom Quixote, 1984.

BENJAMIN, Walter. *Obras escolhidas*. Tradução Sergio Paulo Rouanet. São Paulo: Brasiliense, 1987. v. 1.

BORELLI, Olga. *Clarice Lispector:* esboço para um possível retrato. Rio de Janeiro: Nova Fronteira, 1981.

BORNHEIM, Gerd. *Sartre*. 3. ed. São Paulo: Perspectiva, 2011.

BORNHEIM, Gerd. Sartre: metafísica e existencialismo. São Paulo: Perspectiva, 2003.

BOSI, Alfredo. *História concisa da literatura brasileira*. 2. ed. São Paulo: Cultrix, 1972.

CAMPEDELLI, Samira; ABDALA JR., Benjamin. *Literatura comentada*. São Paulo: Abril Educação, 1981.

CANDIDO, Antonio. No raiar de Clarice. *In*: CANDIDO, Antonio. *Vários escritos*. São Paulo: Duas Cidades, 1977.

CHEVALIER, Jean; GHEERBRANT, Alain. *Dicionário dos símbolos*. Tradução Vera da Costa e Silva *et al*. Rio de Janeiro: José Olympio, 2005.

CIXOUS, Hélène. *A hora de Clarice Lispector*. Tradução Márcia Bechara. São Paulo: Nós, 2022.

DIAS, Ângela Maria. A hora da estrela: a escrita do corpo cariado. *Tempo Brasileiro*, Rio de Janeiro, n. 82, p. 102-114, 1985.

GUIDIN, Márcia Lígia. *Roteiro de leitura:* A hora da estrela, *de Clarice Lispector*. São Paulo: Ática, 1996.

HELENA, Lúcia. A vocação para o abismo. *Literatura e Sociedade*, São Paulo, v. 4, n. 1, p. 11-14, jan./dez. 1999.

HEIDEGGER, Martin. *Ser e tempo*. Tradução Fausto Castilho.14. ed. Rio de Janeiro: Vozes, 2005.

HELENA, Lúcia. *Nem musa nem medusa:* itinerários da escrita em Clarice Lispector. Niterói: Eduff, 1997.

JOLIVET, Régis. *As doutrinas existencialistas*. Tradução António de Queirós Vasconcelos e Lencastre. Porto: Tavares Martins, 1961.

KADOTA, Neiva Pitta. *A tessitura dissimulada:* o social em Clarice Lispector. 2. ed. São Paulo: Estação Liberdade, 1997.

LACLAU, Ernesto. *La razón populista*. 1. ed. Buenos Aires: Fondo de Cultura Econômica, 2001.

LIMA, Luis Costa. Clarice Lispector. *In*: COUTINHO, Afrânio (dir.); COUTINHO, Eduardo de Faria (codir.). *A literatura no Brasil*. 5. ed. V.5. São Paulo: Global, 1999.

LINS, Álvaro. *Os mortos de sobrecasaca*. Rio de Janeiro: Civilização Brasileira, 1983.

LOCKE, John. Da propriedade. *In*: LOCKE, John. *Segundo Tratado sobre o governo*. São Paulo: Abril Cultural, 1973. p. 51-53.

LUCCHESI, Ivo. *Crise e escritura:* uma leitura de Clarice Lispector e Vergílio Ferreira. Rio de Janeiro: Forense – Universitária, 1987.

LUKÁCS, Georg. *A teoria do romance:* um ensaio histórico-filosófico sobre as formas da grande épica. Tradução José Marques Mariani de Macedo. São Paulo: Duas Cidades/34, 2000.

MONTENEGRO, João Alfredo de Sousa. *História e ontologia em* A hora da estrela *de Clarice Lispector*. Rio de Janeiro: José Olympio, 1978.

MORAES, Dênis de. Humor de combate: Henfil e os 30 anos do Pasquim. *Revista Eletrônica Ciberlegenda*, n. 2, 1999. Disponível em: https://periodicos.uff.br/ciberlegenda/article/view/36751/21316. Acesso em: 12 mar. 2024.

NOVELLO, Nicolino. *O ato criador de Clarice Lispector*. Rio de Janeiro: Instituto Nacional do Livro, 1987.

NUNES, Benedito. *O drama da linguagem*. São Paulo: Ática, 1989.

NUNES, Benedito. Filosofia e literatura: a paixão de Clarice Lispector. *Cadernos de Literatura e Ensaio*, Belém, p. 33-41, 1981.

PAGANINI, Joseana. Engajamento poético e transfiguração. *Estudos de Literatura Brasileira Contemporânea*, Brasília, n. 10, nov./dez. 2000.

PESSOA, Fernando. *Poemas de Alberto Caeeiro*. 10. ed. Lisboa: Ática, 1946.

RAMOS, Graciliano. *Vidas secas*. 59. ed. Rio de Janeiro: Record, 1989.

REIS, Carlos; LOPES, Ana Cristina M. *Dicionário de narratologia*. Coimbra: Almedina, 2007.

ROSENBAUM, Yudith. *Clarice Lispector*. São Paulo: Publifolha, 2002.

SÁ, Olga de. *A escritura de Clarice Lispector*. Petrópolis: Vozes, 1993.

SANT'ANNA, Affonso Romano de. Clarice: a epifania da escrita (crítica e interpretação). *In*: LISPECTOR, Clarice. *A legião estrangeira*. São Paulo: Ática, 1977.

SARTRE, Jean-Paul. *A náusea*. Tradução Rita Braga. 2. ed. Rio de Janeiro: Nova Fronteira, 1983.

SARTRE, Jean-Paul. O existencialismo é um humanismo. Tradução Rita Guedes Correia. Petrópolis: Vozes, 2012.

SARTRE, Jean-Paul. O Ser e o Nada: ensaio de ontologia fenomenológica. Tradução Paulo Perdigão. Petrópolis: Vozes, 2012.

SCHOPENHAUER, Arthur. *O mundo como vontade e representação* – Tomo I. Tradução Jair Barboza. São Paulo: Editora Unesp, 2003.

SOUZA SANTOS, Boaventura de. Para além do pensamento abissal. *Novos Estudos Cebrap*, São Paulo, p. 71-94, 1988.

SPIVAK, Gayatri Chakravorty. *Pode o subalterno falar?* 2. ed, Belo Horizonte: UFMG, 1988.

VIEIRA, Trajano. *Édipo Rei de Sófocles*. São Paulo: Perspectiva, 2001.

WALDMAN, Berta. *Clarice Lispector:* a paixão segundo C.L. 2. ed. São Paulo: Escuta, 1992.

WALDMAN, Berta. Armadilha para o real: uma leitura de *A hora da estrela*, de Clarice Lispector. Remate de Males, Campinas, n. 1, 1978.

ZILBERMAN, Regina *et al.* *Clarice Lispector:* a narração do indizível. Porto Alegre: Artes e Ofícios, EdiPUC, 1998.

ZORZANELLI, Rafaela Teixeira. *Esboços não acabados e vacilantes:* despersonalização e experiência subjetiva na obra de Clarice Lispector. São Paulo: Annablume, 2005.

COLEÇÃO
TIRACOLO
leitura portátil

1   Seleção do presidente da República pelos
    internos do Manicômio Nacional, de
    José Eduardo Alcázar

2   O feminino em Clarice Lispector: a ciranda em
    A hora da estrela, um romance vertical, de
    Andrea Cerqueira

O feminino em Clarice Lispector
© Andrea Cerqueira, 2024
Todos os direitos desta edição reservados à Categoria Editora

Esta é uma obra de ficção, com personagens e situações de livre criação do autor. Não se refere a pessoas ou fatos concretos.

ADMINISTRAÇÃO:
BRUNO VARGAS

CAPA E PROJETO GRÁFICO:
DESENHO EDITORIAL

COORDENAÇÃO EDITORIAL:
GUILHERME XAVIER

REVISÃO:
HEBE ESTER LUCAS

PREPARAÇÃO:
BÁRBARA PRINCE

ILUSTRAÇÃO DE CAPA:
LUÍSA GUARNIERI

DADOS INTERNACIONAIS DE CATALOGAÇÃO NA PUBLICAÇÃO (CIP)
(CÂMARA BRASILEIRA DO LIVRO, SP, BRASIL)

Cerqueira, Andrea
O feminino em Clarice Lispector : a ciranda em A hora da estrela
um romance vertical / Andrea Cerqueira. -- 1. ed. -- Brasília, DF :
Categoria Editora, 2024.

Bibliografia.
ISBN 978-65-995940-4-5

1. Ensaios brasileiros 2. Crítica literária 3. Lispector, Clarice, 1920-1977.
A Hora da estrela I. Título.

24-2266026   CDD-B869.4

ÍNDICES PARA CATÁLOGO SISTEMÁTICO:
1. Ensaios : Literatura brasileira   B869.4
Aline Graziele Benitez - Bibliotecária - CRB-1/3129

[2024]
CATEGORIA

SHVP Rua 6 – Condomínio 274
Lote 27A – Loja 1 – Brasília – DF
CEP 72006-600
WWW.CATEGORIAEDITORA.COM.BR

OUTROS LIVROS DA CATEGORIA:

e-Código: como a tecnologia nos levará sem corpo para a vida sem fim, de everardobr

Não ficção sobre a relação entre ciência e tecnologia: 79 leis apontam o que vai acontecer a partir de agora até o dia em que o ser humano migrar para a plena vida virtual. Não é distopia, não é fantasia: é nosso futuro.

Teoria dos rostos, de José Eduardo Alcázar

Um povo indígena vítima de exploradores indiferentes, uma mulher de força, um repórter curioso, um dono de garimpo inescrupuloso, um capitão de navio oportunista, um aguaceiro imparável, uma horda de desesperançados, uma cidade em decadência nos confins da floresta. Um romance amazônico.

O inseto friorento e o vento feral, de everardobr

Dostoievski no dia seguinte ao do fuzilamento simulado, as experiências do homem que cai de escadas, a peculiar Guerra do Escorrega-Morto e mais 22 histórias surpreendentes de personagens cativantes. Realismo mágico como só nós latino-americanos sabemos fazer.

Seleção do presidente da República pelos internos do Manicômio Nacional, de José Eduardo Alcázar

Dois internos do Manicômio Nacional entrevistam ao vivo os quatro finalistas da eleição para presidente da República. É assim que será escolhido o futuro mandatário do país, sem a participação dos eleitores e deixando de lado coisas tradicionais como urna eletrônica e voto impresso. Candidatos e entrevistadores são personagens surpreendentes e vão levar você por uma sátira hilária e audaciosa, crítica dos vícios da política e cheia de reviravoltas.

A Categoria oferece este livro-trampolim,
de onde o leitor pode dar um belo mergulho
vertical nas águas misteriosas que Clarice
revolveu com tanta arte e sensibilidade.

novembro de 2024

Impressão: RETTEC
Papel miolo: PÓLEN BOLD 70 g/m²
Papel capa: Cartão Supremo 250 g/m²
Tipografia: CASLON